民航服务专业新形态系列教材

航空服务手语训练

张敏 孙文舟 刘潇 主编

清华大学出版社
北京

内 容 简 介

本书共五章，分别为手语基础知识、机场服务用语、客舱服务用语、航空公司关于残障人士的规定及要求、机上广播词训练。读者通过本书可以了解手语的基本词汇，为进一步提高手语水平奠定基础。

本书可作为航空服务类专业的教学用书，也可作为相关企业的培训用书。

本书封面贴有清华大学出版社防伪标签，无标签者不得销售。
版权所有，侵权必究。举报：010-62782989，beiqinquan@tup.tsinghua.edu.cn。

图书在版编目(CIP)数据

航空服务手语训练 / 张敏, 孙文舟, 刘潇主编. — 北京：清华大学出版社, 2024.1
民航服务专业新形态系列教材
ISBN 978-7-302-65383-7

Ⅰ. ①航⋯ Ⅱ. ①张⋯ ②孙⋯ ③刘⋯ Ⅲ. ①民用航空—乘务人员—手势语—教材 Ⅳ. ①F560.9 ②H026.3

中国国家版本馆CIP数据核字(2024)第038668号

责任编辑：聂军来
责任校对：袁 芳
封面设计：刘 键
责任印制：沈 露

出版发行：清华大学出版社
网　　址：https://www.tup.com.cn, https://www.wqxuetang.com
地　　址：北京清华大学学研大厦A座　　邮　　编：100084
社 总 机：010-83470000　　邮　　购：010-62786544
投稿与读者服务：010-62776969, c-service@tup.tsinghua.edu.cn
质量反馈：010-62772015, zhiliang@tup.tsinghua.edu.cn
课件下载：https://www.tup.com.cn, 010-83470410

印 装 者：三河市少明印务有限公司
经　　销：全国新华书店
开　　本：185mm×260mm　　印　张：10　　字　数：203千字
版　　次：2024年3月第1版　　印　次：2024年3月第1次印刷
定　　价：36.00元

产品编号：098575-01

前　言

党的二十大报告提出要"完善残疾人社会保障制度和关爱服务体系，促进残疾人事业全面发展"。手语是一种特殊的语言形式，是听觉障碍者或者失声者互相交际和交流思想的一种语言。我国一直特别重视手语的研究、规范与推广。自20世纪50年代开始，经过几十年的发展，我国手语已经逐渐完善并在国家的主导下大力推广使用。2018年，《国家通用手语常用词表》和《国家通用盲文方案》由国家语言文字工作委员会规范标准审定委员会审定，经中国残疾人联合会、教育部、国家语言文字工作委员会同意，作为语言文字规范发布，自2018年7月1日起实施。2020年9月，《〈中华人民共和国国歌〉国家通用手语方案》由国家语言文字工作委员会语言文字规范标准审定委员会审定通过，并于2021年3月1日由中国残疾人联合会、教育部、国家语言文字工作委员会共同发布实施。

在现代社会，听觉障碍者要想在社会中求得生存和发展，与其他社会成员建立起正常的社会关系，不仅需要学习科学文化知识，还需要了解国内外的各类新闻以及国家的方针政策、法律法规。手语就是实现这一需求的重要手段，它实现了听觉障碍者与听觉障碍者、健听人与听觉障碍者之间的沟通、学习与交流，在社会发展中有着不可或缺的重要地位。

随着近年来我国航空事业的不断发展，越来越多的人群在外出时选择飞机，在旅客数量不断增加的大背景下，听障或失声旅客的数量相较之前也有了较大攀升。为了提升服务质量，关注特殊人群需求，在旅客服务岗位上配备手语人员或是对服务人员进行手语培训就显得越来越重要。为了适应日益增长的航空服务手语培训与学习需求，编者根据多年航空服务和手语教学实践经验编写了《航空服务手语训练》一书，并以此作为航空服务手语的学习用书。

本书是航空服务行业工作人员的手语初级速成教材。编者通过在机场与航空公司中面向旅客的各个岗位开展广泛调研，确定航空旅客服务中的实际需求，删繁就简，以实用需求为导向，确定手语使用的高频词汇和主要场景，为学习者提供实用快捷的手语速成学习内容。全书共五章，分别为手语基础知识、机场服务用语、客舱服务用语、航空公司关于残障人士的规定及要求、机上广播词训练。

本书由山东信息职业技术学院张敏、潍坊工程职业学院孙文舟和潍坊聋哑学校刘潇担任主编，德州科技职业学院陈帅、山东信息职业技术学院李童选、山东信息职业技术学院孟晓彤、山东工业技师学院赵祥龙、潍坊职业学院杨兰芳担任副主编，同时感谢李心一和盖虹润同学对本书的大力支持。

在编写本书的过程中，编者参考了一些文献和资料，在此向相关作者表示感谢。

由于编者专业知识和编写能力有限，书中疏漏和不足之处在所难免，恳请广大读者提出宝贵意见。

编　者

2023年10月

目　　录

第一章　手语基础知识 ... 1

一、手语的起源 ... 1
（一）手势的语言功能 ... 1
（二）手语的雏形 ... 1
（三）中国早期手语 ... 2
（四）欧美早期手语 ... 3

二、中国手语 ... 3
（一）近代中国手语发展 ... 3
（二）1949年以来的手语发展 ... 4

三、手语常识 ... 4
（一）手语的定义 ... 4
（二）手语的要素 ... 5
（三）手语的表达 ... 5
（四）手语的注意事项 ... 5

第二章　机场服务用语 ... 6

一、基础词汇 ... 6
（一）字母及数字的手势 ... 6
（二）人称代词及称呼的手势 ... 7
（三）表示旅客的手势 ... 10
（四）表达机场常用词汇的手势 ... 12

二、机场服务常用语 ... 22
（一）自我介绍 ... 22
（二）值机票务 ... 27
（三）飞机晚点询问 ... 61
（四）安检及行李托运 ... 66

（五）礼貌用语 ………………………………………………………… 99

第三章　客舱服务用语 ………………………………………………… 110
　一、基础词汇 ……………………………………………………………… 110
　　（一）礼貌用语 ………………………………………………………… 110
　　（二）机上人员及物品设施 …………………………………………… 112
　　（三）安全提醒短语 …………………………………………………… 117
　二、客舱服务常用语 …………………………………………………… 120
　　（一）表示"登机"的手势 …………………………………………… 120
　　（二）表示"引导入座"的手势 ……………………………………… 121
　　（三）表示"迎客"的手势 …………………………………………… 125
　　（四）表示"送客"的手势 …………………………………………… 127
　　（五）表示"询问餐食"的手势 ……………………………………… 131
　　（六）表示"帮助"的手势 …………………………………………… 135
　　（七）表示"提醒"的手势 …………………………………………… 139

第四章　航空公司关于残障人士的规定及要求 …………………… 146
　一、残疾人运输人数 …………………………………………………… 146
　二、特殊残疾人运输 …………………………………………………… 146
　三、残疾人团体运输 …………………………………………………… 147
　四、航空公司拒绝运输情况 …………………………………………… 147

第五章　机上广播词训练 ……………………………………………… 149

参考文献 ………………………………………………………………… 151

附录 ……………………………………………………………………… 152

第一章 手语基础知识

语言是人类社会文明的一大特征，它使人与人之间实现了更加高效便捷的信息交流，使人类社会获得了极大的发展，文明程度有了极大的进步。通常语言对于正常人来说是交流的工具，但是听障人士很难用有声语言进行正常的信息交流，他们会通过特定的手部动作——手语来进行语言交流。

一、手语的起源

（一）手势的语言功能

关于手语的起源有多种说法。有学者认为手语是人类语言诞生后针对各种交流障碍的情况，根据人们的日常行为和事务具象所逐渐统一形成的一类特定的"语言"。也有学者认为手语起源于手势语，这就将手语诞生的时间推前至成熟的语言系统诞生之前。

德国心理学家冯德认为，在远古时代，人们用手势来表达思想，声音只用来表达感情，后来人们才慢慢地用声音来表达思想。苏联语言学家马尔也认为人类开始时只有"手的语言"，后来才被有声语言代替。

目前的主流观点认为手语是人类语言诞生后的一种非声音的表达形式，通过特定的手势可以向接收者传递语言信息，因此很多简单的手势是具备语言功能的。在信息的发出者和接收者之间有固定的手势与语言的对应关系前提下，手势就能够像声音一样提供语言交流的途径。即使双方并未有明确约定，一方凭借生活经验，通过一些非特定的手势也能明白对方传递的相关信息。例如，当你做出把手搭在耳郭上侧耳倾听的动作时，别人也能明白你是表达"听不清，声音太小"的意思。

（二）手语的雏形

早期手语的很多内容源于手势。手势是语言含义的特定化表达，通常是在一些特殊情境下使用的。例如，在一些不方便用声音交流的情况下通过手势就可以传递出信息。在特殊情况下，带有肢体动作的手势往往比纯语言能更好地表达言者的思想，因此手势也是对语言的补充。这些具有特殊语言作用的手势大多遵从人类的习惯本能，这使得很多手势应用不但能流传至今，而且能在相对大的范围内有着天然的通用性。例如，很多地方的人都以食指抵在双唇前表示"嘘""噤声"的意思。

由于人类语言的复杂性，在各种语言系统的基础上建立起来的对应手势在很多时候也会产生差异化，尤其是一些具有抽象意义的手语表达，再加上纵向上社会文明的不断演化，横向上不同地域文化的影响，这种差异进一步加大，使得不同历史时期、不同地域的手势无法达到统一，甚至有些手势的含义会大相径庭。

历史上这些手势的诞生和传播与人们的生活习惯、社会环境、劳动生产有着密切的关联，因此不同地区、不同文化背景下的人由于面临不同的环境，所创造的手势语不通用也就在所难免。例如，竖起拇指在多数地方表达的是正面夸赞，表示"很好"的意思，但是在西亚一些地方表达的则是"侮辱"的意思，表示"去你的"。在各种主动或被动的文化融合中，部分手势的含义也主动或被动地逐渐被规范和融合，这在客观上为手语的诞生提供了条件。

古时候由于人们长期以耕种或渔猎为生，生活中所接触到的事物比较单一，基本生活所需要的语言内容比较简单，社会上需要遵循的规则也少，因此听障人士在生活中不需要学习专门的手语，通过个人简单的手势表达和习惯性动作理解就能适应生活。

但是随着社会的不断发展，人类文明的进步，对于生活中各类事务的手势表达逐渐复杂，一些具象事物的表达还比较容易，但是一些抽象意义的内容越来越普遍地出现在人们的生活中，通过用手势来表达其含义变得非常困难。在面对这种情况时，听障人士对于手势语言的需求变得十分强烈。虽然在一些小的群体范围里，一些表达抽象含义的手势被人们所应用，但这些手势缺乏通用性，且不成体系，超出特定的范围和环境便无法使用。随着人们对听障人士关注度的逐渐上升，人们逐渐意识到必须将之前的不成体系的手势语言改良成一套成体系的、通用的语言，在较大范围内推广，而这也就形成了我们今天的手语。

（三）中国早期手语

中国历史上关于手语的记录最早可追溯到西汉时期。在《史记·淮阴侯列传》中提到："骐骥之跼躅，不如驽马之安步……虽有舜禹之智，吟而不言，不如喑聋之指麾也。"其中的"指麾"指的就是当时的聋人挥舞手势进行交流的情景。

五代时期的冯延巳在他的《昆仑奴》中写道："知郎君颖悟，必能默识，所以手语耳。"宋代文学家苏轼在《怪石供》中提到："海外有形语之国，口不能言，而相喻以形。其以形语也，捷于口。"在这首词中苏轼将手语称为"形语"。

在中国古代关于通过手势进行语言交流的记载较少，很多手势也在社会发展中不断演化，缺少成体系的汇编，也没有相关的图形和手语形象的记载，加上缺乏对聋人教育的意识，在很长一段历史时期中，中国并没有更加完整的手语内容记录。

（四）欧美早期手语

手语不同于我们所学习的语言文字，它不是用于书写的，而且在较早的时候缺乏对手语的关注，不存在专门的手语教学体系，因此没有很多关于原始手语的记录和保存，即便存在个别的文字记录，也只是存在于文献资料的只言片语中，并没有记录下早期手语的全貌。

鉴于手语的特殊性，早期的手语只能是手把手教学流传。根据目前关于手语可考的历史来看，最早的基本成型的手语记录是欧洲16世纪时期的手势打法和字母手指指式图。

根据西方文献记载，西方最早的手语教育则可以追溯到约四百年前。但最早开展手语教育的是法国聋教育家德雷佩。为了应对聋人教育的需要，他创造发明了一套手语教给听障人士以便沟通。1760年，德雷佩将教会收容所改为"国立聋校"，他成为该校第一任校长，于是便全身心致力于手语的编辑工作。但由于他创造的手语手势太复杂，未能广泛使用，这套手语也未能推广开来。

在19世纪初期美国教会设立的一些救济院中有专门针对聋人的收容所，为方便沟通，在收容所内人们通过一些简单的手语进行交流，这些手语经过发展逐渐演变成为美国当今的手语系统。

关于现代手语的记录相对完善，可以追溯到20世纪初。当时英美一些国家成立了聋人的协会，利用当时新兴的无声电影技术拍摄了聋人手语演讲和聋人社会活动，保留下来的一小部分录像成为最早的最真实鲜明的聋人手语历史文献。

二、中国手语

虽然手语在中国历史上早有记载，但成体系的手语教育与应用则是到了近代以后由西方传入的。

（一）近代中国手语发展

1887年，美国传教士米尔斯和其夫人在山东登州（今蓬莱）创办中国第一所聋校"启喑学馆"，将西方国家的手指字母传入中国，该校同时也是中国手语的主要发源地。在此后20年间，中国手语的教学也不断推进。1907年，在教学需求的不断推动下，米尔斯夫人主持编著出版了中国第一套聋校教材《启哑初阶》。在这套教科书中，先后套用贝尔音符和赖恩手势里面的31个指式，进行手语教学。但由于汉语使用特点与字母文字不同，该套手语使用较为不便。

1912年后，中国的教育部门开始对手语教育有所关注。1918年，汉语注音字母方案公布，聋教育工作者以"赖恩手势"为基础，结合注音字母拼打的方式创制"注音字母方案"，又叫"赖恩氏手切"，共有34个指式。虽然此时手语教育有了一定发展，但依旧没有突破原

《启哑初阶》中的手语使用局限。

1927年以后，中国的聋人教育也有所发展。1930年，上海聋教育工作者经过长期酝酿、研究，重新制定"国语注音符号发音指式"。杭州吴山聋哑学校创办者龚宝荣校长按照26个字母的手切，首创了"注音符号手切"，包括40个指式。同时他将自己首创的注音符号手切、算术数目符号手切，汇编成《手切教本》，作为教学用书。

（二）1949年以来的手语发展

新中国成立以来，国家高度重视聋人教育工作，并于1958年成立中国聋人手语改革委员会，并在北京、武汉、青岛、南京、沈阳、哈尔滨、兰州、成都、广州、昆明等城市建立手语工作站，开始收集和研究各地手语，编纂统一的聋人手语词典。

1959年2月，《汉语拼音手指字母方案（草案）》在全国各地试行（1963年10月修正定案）。同年，中国盲人聋人协会整理修订了《聋人通用手语草图》，报请原内务部、教育部、中国文字改革委员会批准试行，先后共出版了4辑、含2000个手势图示。

1960年，中国盲人聋哑人协会制定的《关于修订聋哑人通用手势语工作方案》里提出结合使用手指字母修订手势符号的原则，共提出三种使用指势的方法：不便使用形象化动作来表达的词，用指语字母代替；常用词和短语，用指语缩写法；采用手指字母与形象比画结合的方法制定手语词。

改革开放伊始，原中国盲人聋人协会在草图的基础上重新绘图，又出版了两辑的《聋人通用手语图》。1982年，讨论和制定了640个新词手势动作，并由民政部、教育部、中国文字改革委员会批准试行和推广。

1988年，中国残疾人联合会成立，中国残疾人联合会组织专家在原有手语研究的基础上，结合有声语言和手指语的使用，编辑出版了统一规范的《中国手语》，并不断完善。2018年，《国家通用手语常用词表》作为语言文字规范发布，至此中国手语最终实现了系统化、统一化。

近年来，党和国家更加重视残疾人文化教育工作，提高手语的规范化、科学化水平。党的二十大报告中也提出"完善残疾人社会保障制度和关爱服务体系，促进残疾人事业全面发展"，全社会不断提升对残疾人群体的关心关爱，手语教育也将迎来更加光明的未来。

三、手语常识

（一）手语的定义

手语是聋人用于交际的一种特殊的语言表达方式，是聋人使用的主要沟通工具，它是聋人群体自发创造出来的视觉空间语言，是以手的动作为主，配以身体姿势、表情及口形进行交流的语言表达形式。

（二）手语的要素

在语言学中，人们将语音、语法、词汇定为语言的三大要素，而对于手语而言，"语音"这一要素的体现无法通过声音来呈现，以"形"表"音"则是手语最主要的特点。因此手语的三要素为语形、语法、词汇。这里的语形指的就是手的形态和动作，其四个主要特征为手形、位置、运动和方向，这四个特征影响着手势所要表达的具体意思。

（三）手语的表达

在拼打手语时，一般是左静右动，左手起辅助作用，右手打出主要手势动作。除了手的形状和位置要准确协调，还要用适当的面部表情和身体姿势加以辅助，恰当的面部表情能够帮助语气和语义的表达，再加上对应的身体姿势能够使手语表达得更准确、更生动。同时，在拼打手语时一般会结合口语的使用，手势拼打某个词语时，要配合相应的口型和发音。

（四）手语的注意事项

在日常的交流中手形、距离、位置、面部表情都极为重要。

（1）手形：在进行交流的过程当中，手部要保持干净整洁，指甲不宜太长或涂有指甲油，手上的饰品不宜过多，戒指最多一枚，手镯一个为宜。由于聋人已经丧失了听力，所以他们视觉优先，如果手部装饰太烦琐，会扰乱他们的注意力。

（2）距离：在进行交流的过程当中，距离也是重要的元素。太近有压迫感，太远又表达不清楚。一般以1~1.5米为宜。

（3）位置：手势的位置不宜太夸张，最低在腰间，最高在头顶的范围。左右的距离大约在双手横伸的距离内。打手势的时候力度也要适中，力度太大，每个手语都打得很重，打手势的人会很累；力度很小、动作很柔，则会造成聋人注意力不集中。

（4）面部表情：在进行交流中，面部表情是手势的辅助语言。表情一定要丰富，喜怒哀乐都要表现出来。只有这样，才能加入自己的感情，使对方准确地理解你要表达的意思。

第二章　机场服务用语

一、基础词汇

（一）字母及数字的手势

拼音字母的手势如图2-1-1所示。

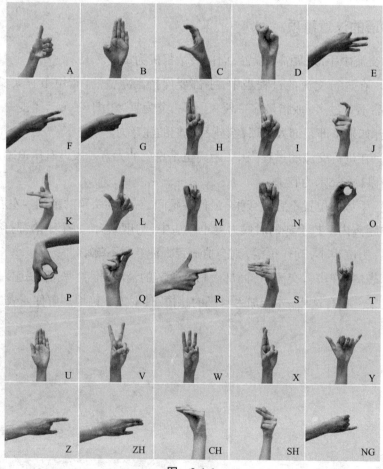

图 2-1-1

数字的手势如图2-1-2所示。

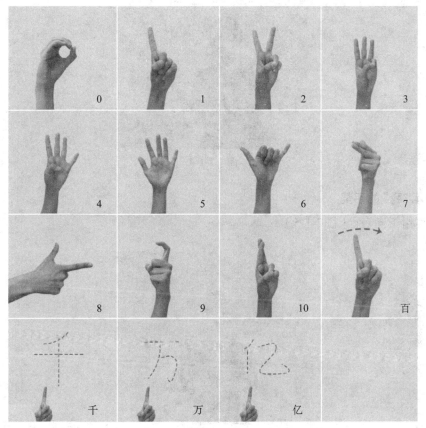

图 2-1-2

（二）人称代词及称呼的手势

1. 表示"自己"的手势

一手伸食指，指尖向上，虎口朝内，碰两下（图2-1-3）。

图 2-1-3

2. 表示"你"的手势

一手食指指向对方（图2-1-4）。

图 2-1-4

3. 表示"我"的手势

一手食指指向自己(图2-1-5)。

图 2-1-5

4. 表示"他"的手势

一手食指指向侧方第三者(图2-1-6)。

图 2-1-6

5. 表示"我们"的手势

一手食指先指向自己的胸部,然后掌心向下,在胸前平行转一圈(图2-1-7和图2-1-8)。

图 2-1-7　　　　　　　　图 2-1-8

6. 表示"你们"的手势

一手食指先指向对方,然后掌心向下,在胸前平行转一圈(图2-1-9和图2-1-10)。

图 2-1-9　　　　　　　　图 2-1-10

7. 表示"他们"的手势

一手食指先指向侧方第三者,然后掌心向下,在胸前平行转一圈(图2-1-11和图2-1-12)。

图 2-1-11　　　　　　　　图 2-1-12

8. 表示"女士"的手势

(1)一手拇指、食指捏耳垂(图2-1-13)。

(2)一手指在空前书写"士"字形(图2-1-14)。

图 2-1-13

图 2-1-14

9. 表示"先生"的手势

一手伸拇指,贴于胸前,表示尊敬(图2-1-15)。

10. 表示"同学"的手势

一手食指、中指横伸分开,手背向上,向前移动一下。双手斜伸,掌心向内,置于身前(图2-1-16)。

图 2-1-15

图 2-1-16

(三)表示旅客的手势

1. 表示"普通旅客"的手势

左手横伸,右手的拇指、小指置于左手手掌心上,双手同时向右移动一下(图2-1-17和图2-1-18)。

图 2-1-17

图 2-1-18

2. 表示"老人"的手势

（1）一手在颌下做捋胡须动作，以长胡须来示意老人（图2-1-19）。

（2）双手食指搭成"人"字形（图2-1-20）。

图　2-1-19　　　　　　　　图　2-1-20

3. 表示"孕妇"的手势

（1）一手掌心贴于腹部，向外缓缓移动，如腹部隆起状（图2-1-21）。

（2）一手拇指、食指捏耳垂（图2-1-22）。

图　2-1-21　　　　　　　　图　2-1-22

4. 表示"无人陪伴儿童"的手势

（1）一手拇指、食指、中指捻动，连续几次（图2-1-23）。

（2）双手食指搭成"人"字形（图2-1-24）。

图　2-1-23　　　　　　　　图　2-1-24

（3）双手食指向上伸直，一左一右，同时向前移动，如一人陪着另一人（图2-1-25）。

（4）一手平伸，掌心向下，在胸前向下微压（根据幼儿、儿童、少年不同身高而决定手的高低）（图2-1-26）。

图 2-1-25

图 2-1-26

（四）表达机场常用词汇的手势

1. 表示"航站楼"的手势

（1）一手伸拇指、食指、小指，掌心向下，向前上方做弧形移动，仿佛飞机的外形及起飞状（图2-1-27）。

（2）双手直立，掌心相对，向上移动（图2-1-28）。

图 2-1-27

图 2-1-28

2. 表示"飞机起飞"的手势

一手伸拇指、食指、小指，掌心向下，向前上方做弧形移动，仿佛飞机的外形及起飞状（图2-1-29）。

图 2-1-29

3. 表示"飞机晚点"的手势

（1）一手伸拇指、食指，拇指抵在另一手掌心，食指向下移动，象征时间已经迟了（图2-1-30）。

（2）一手拇指、小指直立，向前移动，表示到来（图2-1-31）。

图 2-1-30

图 2-1-31

4. 表示"登机牌"的手势

（1）右手横伸，左手食指、中指叉开，指尖朝下，在右手背上交替前进（图2-1-32）。

（2）一手伸拇指、食指、小指，掌心向下，向前上方做弧形移动，仿佛飞机的外形及起飞状（图2-1-33）。

图 2-1-32

图 2-1-33

（3）双手拇指、食指张开，指尖相对，虎口朝上，从中间向两侧移动（图2-1-34）。

图 2-1-34

5. 表示"托运"的手势

（1）双手平伸，掌心向上，同时向前上方伸出（图2-1-35）。

（2）双手横伸，掌心向上，五指微屈，由两侧向中间交错移动，如运输车辆一样往来（图2-1-36）。

图 2-1-35　　　　　　　　图 2-1-36

6. 表示"违禁品"的手势

（1）侧身，一手向下切于另一手掌心上，然后向外一推（图2-1-37）。

（2）一手握住另一手腕，由一侧向另一侧移动（图2-1-38）。

图 2-1-37　　　　　　　　图 2-1-38

（3）一手伸食指向上指（图2-1-39）。

（4）一手伸拇指、食指、小指，掌心向下，向前上方做弧形移动，仿佛飞机的外形及起飞状（图2-1-40）。

图 2-1-39　　　　　　　　图 2-1-40

（5）双手先以食指互碰一下，然后分开并张开五指（图2-1-41和图2-1-42）。

图 2-1-41　　　　　　　　图 2-1-42

7. 表示"出发"的手势

（1）双手平伸，掌心向上，同时向上抬起（图2-1-43）。

（2）一手食指、中指分开，指尖朝下，一前一后交替向前移动（图2-1-44）。

图 2-1-43　　　　　　　　图 2-1-44

8. 表示"经济舱"的手势

（1）双手拇指与食指捏成圆圈，前后交替转动几下（图2-1-45）。

（2）双手搭成"A"字形（图2-1-46）。

图 2-1-45　　　　　　　　图 2-1-46

9. 表示"公务舱"的手势

（1）双手拇指、食指搭成"公"字形（图2-1-47）。

（2）右手手掌拍一下左肩（图2-1-48）。

（3）双手搭成"A"字形（图2-1-49）。

图　2-1-47　　　　　　　　图　2-1-48　　　　　　　　图　2-1-49

10. 表示"行李"的手势

（1）一手握拳下垂做提重物状，然后顿一顿向前移动几下（图2-1-50）。

（2）双手伸食指，指尖朝下，先互碰一下，然后分别向两侧移动并张开五指（图2-1-51和图2-1-52）。

图　2-1-50　　　　　　　　图　2-1-51　　　　　　　　图　2-1-52

11. 表示"身份证"的手势

（1）一手手掌贴于胸部，并向下移动一下（图2-1-53）。

（2）双手平伸，掌心向上，由两侧向中间移动并互碰一下（图2-1-54）。

图　2-1-53　　　　　　　　图　2-1-54

12. 表示"迷路"的手势

（1）一手打手指字母"M"的指势，在额前转一圈（图2-1-55）。

（2）双手侧身，掌心相对，相距约20厘米，向前方伸出，表示笔直的大路（图2-1-56）。

图 2-1-55　　　　　　　　图 2-1-56

13. 表示"百货商店"的手势

（1）左手食指伸直，从右向左横向移动一下（图2-1-57）。

（2）双手先以食指互碰一下，然后分开并张开五指（图2-1-58和图2-1-59）。

图 2-1-57　　　　　图 2-1-58　　　　　图 2-1-59

（3）双手掌心向上，在胸前交互转圈，表示"买卖"之意（图2-1-60）。

（4）双手指尖搭成"A"字形（图2-1-61）。

图 2-1-60　　　　　　　　图 2-1-61

14. 表示"超市"的手势

（1）首先双手食指向上伸直，然后相对一手不动，另一手掌向上举起，表示"超出"（图2-1-62）。

（2）右手向上伸直不动，左手掌心向下，虎口掌在手心上，顿一顿移动（图2-1-63）。

图 2-1-62　　　　　　　　图 2-1-63

（3）一手打手语"SH"的指势，并顺时针平行转一圈（图2-1-64）。

（4）一手食指向下画一个大圆圈，表示市场的范围（图2-1-65）。

图 2-1-64　　　　　　　　图 2-1-65

15. 表示"医院"的手势

（1）一手拇指与食指搭成"十"字形置于前额（图2-1-66）。

（2）双手搭成"A"字形（图2-1-67）。

图 2-1-66　　　　　　　　图 2-1-67

16. 表示"邮局"的手势

（1）右手横伸，左手食指与中指并拢，在右手掌心上轻拍一下，然后向右手指间方向画出，表示将贴了邮票的信件寄出（图2-1-68）。

（2）双手搭成"A"字形（图2-1-69）。

图 2-1-68

图 2-1-69

17. 表示"机场"的手势

（1）一手伸拇指、食指、小指，掌心向下，向前上方做弧形移动，仿佛飞机的外形及起飞状（图2-1-70）。

（2）一手食指向下画一个大圆圈，表示机场的范围（图2-1-71）。

图 2-1-70

图 2-1-71

18. 表示"地铁站"的手势

（1）右手平伸，掌心向下，左手食指与中指弯曲如勾状，手背向上，并向前移动（图2-1-72）。

（2）右手横伸，左手指食与中指分开，指尖朝下，立于右手掌背上（图2-1-73）。

图 2-1-72

图 2-1-73

19. 表示"城铁"的手势

（1）双手伸食指，指背向上，指尖相对，做"长城"形向两旁分开，象征城垛（图2-1-74）。

（2）右手食指与中指分开，指尖朝前，左手食指和中指弯曲，指背抵在右手食指与中指上，并向前移动，如火车行驶（图2-1-75）。

图 2-1-74　　　　　　　图 2-1-75

20. 表示"洗手间"的手势

一手拇指与食指弯曲，其他三指伸直（图2-1-76）。

图 2-1-76

21. 表示"上"的手势

一手伸食指向上指（图2-1-77）。

22. 表示"下"的手势

一手伸食指向下指（图2-1-78）。

图 2-1-77　　　　　　　图 2-1-78

23. 表示"左"的手势

右手拍一下左臂，表示左（图2-1-79）。

24. 表示"右"的手势

左手拍一下右臂，表示右（图2-1-80）。

图 2-1-79

图 2-1-80

25. 表示"拐弯"的手势

一手侧立，先向前一伸，再转向一侧（图2-1-81）。

26. 表示"出租汽车"的手势

右手手背翘起成"A"字形；左手五指成"]"形，虎口朝上置于右手背上，然后右手向前移动一下（图2-1-82）。

图 2-1-81

图 2-1-82

27. 表示"麻烦"的手势

一手伸五指微屈，以指尖在前额处点动几下（图2-1-83）。

图 2-1-83

28. 表示"保持"的手势

（1）双手伸直，向前微按（图2-1-84）。

（2）双手伸食指，指尖斜向相对，然后向斜下方移动（图2-1-85）。

图　2-1-84　　　　　　　图　2-1-85

29. 表示"熄灭"的手势

一手五指张开，指尖朝下，然后缓缓捏合（图2-1-86）。

30. 表示"香烟"的手势

一手伸食指与中指，放在口边做吸烟状（图2-1-87）。

图　2-1-86　　　　　　　图　2-1-87

二、机场服务常用语

（一）自我介绍

1. 表示"你叫什么名字"的手势

你：一手食指指向对方（图2-2-1）。

叫：一手拇指与四指做"L"字形，虎口贴于嘴边，张开嘴做喊叫状（图2-2-2）。

图 2-2-1

图 2-2-2

什么：双手伸开，掌心向下，然后翻转为掌心向上（图2-2-3）。

名字：一手食指沿另一手中指、无名指、小指尖向下滑动（中指表示"姓"，无名指、小指表示"名"）（图2-2-4）。

图 2-2-3

图 2-2-4

2. 表示"我叫李明"的手势

我：一手食指指向自己（图2-2-5）。

叫：一手拇指与四指做"L"字形，虎口贴于嘴边，张开嘴做喊叫状（图2-2-6）。

图 2-2-5

图 2-2-6

李：一手打手指字母"L"和"I"的样式（图2-2-7和图2-2-8）。

图 2-2-7

图 2-2-8

明：一手食指指向太阳穴处，头微偏，然后食指向外移动，头部转正，表示睡觉过了一天（图2-2-9）。

图 2-2-9

3. 表示"你几岁"的手势

你：一手食指指向对方（图2-2-10）。

几：一手五指分开，指尖向上，手指微微抖动几下，表示"数量""多少"之意（图2-2-11）。

岁：右手握拳，手背向外，左手食指自右手食指关节处，向下划一下（图2-2-12）。

图 2-2-10

图 2-2-11

图 2-2-12

4. 表示"我十八岁"的手势

我：一手食指指向自己（图2-2-13）。

图 2-2-13

十：一手食指与中指交叉，其余三指弯曲（图2-2-14）。

八：一手伸拇指与食指，其余三指弯曲（图2-2-15）。

图 2-2-14

图 2-2-15

岁：右手握拳，手背向外，左手食指自右手食指关节处，向下划一下（图2-2-16）。

图 2-2-16

5. 表示"你是哪里人"的手势

你：一手食指指向对方（图2-2-17）。

是：一手食指与中指相搭，并点动一下（图2-2-18）。

图 2-2-17　　　　　　　图 2-2-18

哪里：一手食指指尖向外，做波纹状移动几下（图2-2-19）。

人：双手食指搭成"人"字形（图2-2-20）。

图 2-2-19　　　　　　　图 2-2-20

6. 表示"我是北京人"的手势

我：一手食指指向自己（图2-2-21）。

是：一手食指与中指相搭，并点动一下（图2-2-22）。

图 2-2-21　　　　　　　图 2-2-22

北京：左手伸食指与中指，自右肩斜划向左腰部（图2-2-23）。

人：双手食指搭成"人"字形（图2-2-24）。

图　2-2-23

图　2-2-24

（二）值机票务

1. 表示"很高兴为您服务"的手势

很：一手掌心向上，拇指指尖抵于食指根部，向下一沉（图2-2-25）。

高兴：双手掌心向上，在胸前上下扇动，脸露笑容（图2-2-26）。

图　2-2-25

图　2-2-26

为：一手伸拇指、食指，以腕部转动几下（图2-2-27）。

您：一手食指指向对方（图2-2-28）。

图　2-2-27

图　2-2-28

服务：左手伸平，手背向外贴于耳前（图2-2-29）；右手按在左肩部（图2-2-30）。

图 2-2-29

图 2-2-30

2. 表示"我要买一张去北京的单程（往返）经济舱（公务舱）机票，请问多少钱"的手势

我：一手食指指向自己（图2-2-31）。

要：一手平伸，掌心向上，由外向内移动一下（图2-2-32）。

图 2-2-31

图 2-2-32

买：双手横伸，掌心向上，右手手背在左手掌心上拍一下，然后向里移，表示买进（图2-2-33）。

图 2-2-33

一：一手食指直立（或者横伸）（图2-2-34）。

张：一手打字母"ZH"的指势，自头部的一侧向下划一下（图2-2-35）。

图　2-2-34

图　2-2-35

去：一手伸拇指与小指，由内向外移动（图2-2-36）。

图　2-2-36

北京：左手伸食指与中指，自右肩斜划向左腰部（图2-2-37）。

的：一手打手指字母"D"的指势（助词"得""地"同样适用）（图2-2-38）。

图　2-2-37

图　2-2-38

单程：一手食指直立于胸前，再向上微微一动（图2-2-39）；双手横立，右手在前，左手在后不动,然后至左手处向前一顿一顿地移动几下(图2-2-40)。

图 2-2-39

图 2-2-40

往返:一手伸拇指、小指,由内向外移动(图2-2-41);一手伸拇指、小指,由外向内移动。

图 2-2-41

经济舱:双手拇指、食指捏成圆圈,前后交替转动几下(图2-2-42);双手搭成"A"字形(图2-2-43)。

图 2-2-42

图 2-2-43

公务舱:双手拇指与食指搭成"公"字形(图2-2-44);右手手掌拍一下左肩(图2-2-45);

双手搭成"A"字形(图2-2-46)。

图　2-2-44　　　　　　　图　2-2-45　　　　　　　图　2-2-46

机:一手伸拇指、食指、小指,掌心向下,向前上方做弧形移动,仿佛飞机的外形及起飞状(图2-2-47)。

票:双手拇指、食指张开,指尖相对,虎口朝上,从中间向两侧移动(可根据实际情况表示票的大小)(图2-2-48)。

图　2-2-47　　　　　　　　图　2-2-48

请:双手掌心向上,在腰部向旁移,表示请求之意(图2-2-49)。

问(访问、咨询):一手五指微屈,掌心向外,从嘴前向外微移向下(图2-2-50)。

图　2-2-49　　　　　　　　图　2-2-50

多少：一手直立，掌心向外，五指分开，手指微微抖动几下（图2-2-51）。

钱：一手拇指和食指相捏成圆形，微微晃动几下（图2-2-52）。

图　2-2-51

图　2-2-52

3. 表示"好的，去北京的经济舱为1000元，现在特价一张500元"的手势

好：一手伸拇指（图2-2-53）。

的：一手打手指字母"D"的指势（助词"得""地"同样适用）（图2-2-54）。

图　2-2-53

图　2-2-54

去：一手伸拇指、小指，由右向左移动（图2-2-55）。

图　2-2-55

北京：左手伸食指、中指，自右肩斜划向左腰部（图2-2-56）。

的：一手打手指字母"D"的指势（助词"得""地"同样适用）（图2-2-57）。

图　2-2-56　　　　　　　　　图　2-2-57

经济舱：双手拇指和食指捏成圆圈，前后交替转动几下（图2-2-58）；双手搭成"A"字形（图2-2-59）。

图　2-2-58　　　　　　　　　图　2-2-59

为：一手伸拇指、食指，以腕部转动几下（图2-2-60）。

一：一手食指直立（或者横伸）（图2-2-61）。

图　2-2-60　　　　　　　　　图　2-2-61

千：一手食指空中书写"千"字（图2-2-62）。

元：一手拇指与食指弯曲，之间分开，成一个半圆形（图2-2-63）。

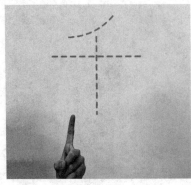
图　2-2-62

图　2-2-63

现在：一手横伸，手心向上，向上掂动两下（图2-2-64）。

特：右手横伸，手背向上，左手伸食指，从右手掌外缘向上伸出（图2-2-65）。

图　2-2-64

图　2-2-65

价：右手拇指与食指捏成圆形，左手伸食指敲一下右手拇指（图2-2-66）。

一：一手食指直立（或者横伸）（图2-2-67）。

图　2-2-66

图　2-2-67

张：一手打字母"ZH"的指势，自头的一侧向下划一下（图2-2-68）。

五：一手五指直立（或拇指直立，其余四指横伸）（图2-2-69）。

图 2-2-68

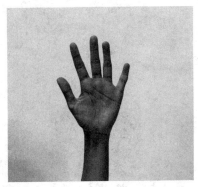

图 2-2-69

百：左手食指直立，从右往左挥动一下（图2-2-70）。

元：两手拇指与食指弯曲，中间分开，成一个半圆形（图2-2-71）。

图 2-2-70

图 2-2-71

4. 表示"你好，我要退一张北京到上海的机票"的手势

你：一手食指指向对方（图2-2-72）。

好：一手伸拇指（图2-2-73）。

图 2-2-72

图 2-2-73

我：一手食指指向自己（图2-2-74）。

要：一手平伸，掌心向上，由外向内移动一下（图2-2-75）。

图　2-2-74

图　2-2-75

退：右手平伸，掌心向上，左手伸拇指、小指，小指指尖抵于右手指尖，再向后移动（图2-2-76）。

图　2-2-76

一：一手食指直立（或者横伸）（图2-2-77）。

张：一手打字母"ZH"的指势，自头的一侧向下划一下（图2-2-78）。

图　2-2-77

图　2-2-78

北京：左手伸食指、中指，自右肩斜划向左腰部（图2-2-79）。

到：一手伸拇指、小指，向前做弧形移动，然后向下一顿（图2-2-80）。

图　2-2-79

图　2-2-80

上海：双手握拳，小指一上一下互相钩住（图2-2-81）。

的：一手做出字母"D"的指势（助词"得""地"同样适用）（图2-2-82）。

图　2-2-81

图　2-2-82

机：一手伸拇指、食指、小指，掌心向下，向前上方做弧形移动，仿佛飞机的外形及起飞状（图2-2-83）。

票：双手拇指、食指张开，指尖相对，虎口朝上，从中间向两侧移动（可根据实际情况表示）（图2-2-84）。

图　2-2-83

图　2-2-84

5. 表示"好的,退票要扣除手续费300元"的手势

好:一手伸拇指(图2-2-85)。

的:一手打手指字母"D"的指势(助词"得""地"同样适用)(图2-2-86)。

图 2-2-85

图 2-2-86

退:右手平伸,掌心向上;左手伸拇指、小指,小指指尖抵于右手指尖,再向后移动(图2-2-87)。

票:双手拇指、食指张开,指尖相对,虎口朝上,从中间向两侧移动(可根据实际情况表示)(图2-2-88)。

图 2-2-87

图 2-2-88

要:一手平伸,掌心向上,由外向内移动一下(图2-2-89)。

扣除:右手横立,左手在右手掌心内向下刮两下(图2-2-90)。

图 2-2-89

图 2-2-90

手续：右手横伸，左手拍一下右手手背（图2-2-91）；一手握拳，然后依次横伸食指、中指、无名指、小指（图2-2-92）。

图　2-2-91

图　2-2-92

费：一手拇指和食指相捏成圆形，微微晃动几下（图2-2-93）。

三：一手伸食指、中指、无名指直立（或横伸）（图2-2-94）。

图　2-2-93

图　2-2-94

百：左手食指直立，从右往左挥动一下（图2-2-95）。

元：一手拇指与食指弯曲，之间分开，成一个半圆形（图2-2-96）。

图　2-2-95

图　2-2-96

6. 表示"请大家不要着急,我们尽快为您办理手续"的手势

请:双手平伸,掌心向上,同时向一侧微移(图2-2-97)。

大家:一手掌心向下,在胸前平行转一圈(图2-2-98)。

图　2-2-97

图　2-2-98

不:一手伸直,左右摆动几下(图2-2-99)。

要:一手平伸,掌心向上,由外向内移动一下(图2-2-100)。

图　2-2-99

图　2-2-100

着急:双手五指弯曲,指尖贴胸,上下交替移动几下(图2-2-101)。

图　2-2-101

我们：一手置于正前方，掌心向下，在胸前平行转一圈（图2-2-102）。

尽快：一手拇指、食指相捏，快速地从一侧向另一侧做快速挥动，象征运动速度很快（图2-2-103）。

图　2-2-102

图　2-2-103

为：一手伸拇指、食指，以腕部转动几下（图2-2-104）。

您：一手食指指向对方（图2-2-105）。

图　2-2-104

图　2-2-105

办：双手横伸，掌心向下，互拍手背（图2-2-106）。

理：双手侧立，掌心相对，向一侧一顿一顿地移动（图2-2-107）。

图　2-2-106

图　2-2-107

手续：右手横伸，左手拍一下右手手背（图2-2-108）；一手握拳，然后依次横伸食指、中指、无名指、小指（图2-2-109）。

图 2-2-108

图 2-2-109

7. 表示"您好，请到这边通道来，这边也可以办理"的手势

您：一手食指指向对方（图2-2-110）。

好：一手伸出拇指（图2-2-111）。

图 2-2-110

图 2-2-111

请：双手平伸，掌心向上，同时向一侧微移（图2-2-112）。

到：一手伸拇指、小指，向前做弧形移动，然后向下一顿（图2-2-113）。

图 2-2-112

图 2-2-113

这边：一手食指向下指点两下（图2-2-114）。

图 2-2-114

通：双手食指平伸，指尖相对，由两侧向中间交叉移动（图2-2-115）。

道：双手侧伸，掌心相对，相距约20厘米，向前方伸出，表示笔直的大路（图2-2-116）。

图 2-2-115　　　　　图 2-2-116

来：一手掌心向下，由外向内挥动（图2-2-117）。

图 2-2-117

这边：一手食指向下指点两下（图2-2-118）。

也：一手伸拇指、小指，拇指尖向内，手背向上，前后移动两下（图2-2-119）。

图 2-2-118　　　　　　　　　图 2-2-119

可以：一手五指伸直，指尖向上，然后拇指不动，其余四指弯动几下（图2-2-120）。

图 2-2-120

办：双手横伸，掌心向下，互拍手背（图2-2-121）。

理：双手侧立，掌心相对，向一侧一顿一顿地移动几下（图2-2-122）。

图 2-2-121　　　　　　　　　图 2-2-122

8. 表示"请您站在黄线外面排好队，一个一个来"的手势

请：双手平伸，掌心向上，同时向一侧微移（图2-2-123）。

您：一手食指指向对方（图2-2-124）。

图　2-2-123

图　2-2-124

站：右手横伸，左手食指、中指分开，指尖朝下，立于右手手背上（图2-2-125）。

在：右手横伸，左手伸拇指与小指，由上而下移至手掌心（图2-2-126）。

图　2-2-125

图　2-2-126

黄：一手打手指字母"H"的指势，并摸摸脸颊。皮肤是黄色的，以表示"黄"（图2-2-127）。

线：双手拇指与食指指尖相捏，从中间向两旁拉开，如同一条直线（图2-2-128）。

图　2-2-127

图　2-2-128

外面：右手横伸，手背向外。左手伸食指，指尖向下，在右手背外向下指，表示外面（图2-2-129）。

图 2-2-129

排队：双手张开，指尖向上，紧靠成一排（图2-2-130）。

好：一手伸拇指（图2-2-131）。

图 2-2-130

图 2-2-131

一：一手食指直立（或者横伸）（图2-2-132）。

个：右手拇指、食指与左手搭成"个"字形（图2-2-133）。

图 2-2-132

图 2-2-133

一：一手食指直立（或者横伸）（图2-2-134）。

个：右手拇指、食指与左手搭成"个"字形（图2-2-135）。

图　2-2-134

图　2-2-135

来：一手掌心向下，由外向内挥动（图2-2-136）。

图　2-2-136

9. 表示"请您往前走，到您了"的手势

请：双手平伸，掌心向上，同时向一侧微移（图2-2-137）。

您：一手食指指向对方（图2-2-138）。

图　2-2-137

图　2-2-138

往：一手伸拇指与小指，向前移动，然后一顿（图2-2-139）。
前：一手伸食指，指向正前方（图2-2-140）。

图　2-2-139

图　2-2-140

走：一手食指与中指伸出并分开，指尖向下，一前一后交替向前移动（图2-2-141）。
到：一手伸拇指、小指，向前做弧形移动，然后向下一顿（图2-2-142）。

图　2-2-141

图　2-2-142

您：一手食指指向对方（图2-2-143）。
了：一手食指空中书写"了"字形（图2-2-144）。

图　2-2-143

图　2-2-144

10. 表示"请把身份证和护照给我"的手势

请：双手平伸，掌心向上，同时向一侧微移（图2-2-145）。

把：一手先打手指字母"B"的指势，然后变为手掌，并向下微移一下（图2-2-146）。

图 2-2-145　　　　　　　　　图 2-2-146

身份证：一手手掌贴于胸部，并向下移动一下（图2-2-147）；双手平伸，掌心向上，由两侧向中间移动并互碰一下（图2-2-148）。

图 2-2-147　　　　　　　　　图 2-2-148

和：双手掌心相对，从两侧向中间合拢（图2-2-149）。

图 2-2-149

护照：左手伸出拇指，右手五指微屈，绕左手拇指半圈（图2-2-150）；双手先合掌，然后左右翻开（图2-2-151）。

图　2-2-150

图　2-2-151

给：一手五指虚握，掌心向上，向外伸出，张开手掌，如把物品归还给别人（图2-2-152）。
我：一手食指指向自己（图2-2-153）。

图　2-2-152

图　2-2-153

11. 表示"对不起，你的证件与要求不符合，我得请示，请稍等"的手势

对不起：一手五指并拢，举于额际，先做"敬礼"手势，然后下放改为伸小指，在胸部点几下，表示向人致歉并自责之意（图2-2-154和图2-2-155）。

图　2-2-154

图　2-2-155

你：一手食指指向对方（图2-2-156）。

图　2-2-156

的：一手做出字母"D"的指势，如图2-2-82所示。

证：双手平伸，掌心向上，从两侧向中间移动，并互碰一下（图2-2-157）。

件：左手拇指、食指成"亻"字形，右手食指空中书写"牛"字，组成"件"字形（图2-2-158）。

图　2-2-157

图　2-2-158

与：掌心相对，从两侧向中间合拢（图2-2-159）。

图　2-2-159

要求：一手平伸，掌心向上，从前向后微拉（图2-2-160）；双手抱拳，微动两下（图2-2-161）。

图 2-2-160

图 2-2-161

不：一手伸直，左右摆动几下（图2-2-162）。

符合：双手横立，从两侧向中间移动至双手重叠（图2-2-163）。

图 2-2-162

图 2-2-163

我：一手指指向自己（图2-2-164）。

得：一手打手指字母"D"的指势（图2-2-165）。

图 2-2-164

图 2-2-165

请示：双手平伸，掌心向上，同时向前上方移出（图2-2-166）；左手伸拇指，右手伸食指，指尖朝前，在左手拇指后左右移动（图2-2-167）。

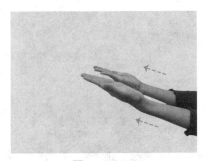
图 2-2-166

图 2-2-167

请：双手平伸，掌心向上，同时向一侧微移（图2-2-168）。

稍等：一手横伸，手背贴于脸颊下（图2-2-169）。

图 2-2-168

图 2-2-169

12. 表示"请问南方航空公司在哪里换取登机牌"的手势

请：双手掌心向上，在腰部向旁移，表示邀请之意（图2-2-170）。

问（访问、咨询）：一手五指微屈，掌心向外，从嘴前向外微移向下（图2-2-171）。

图 2-2-170

图 2-2-171

南方：左手五指并拢，掌心朝右，指尖朝下，置于胸前（图2-2-172）。

航空：一手伸拇指、食指、小指，掌心向下，向前上方做弧形移动，仿佛飞机的外形及起飞状（图2-2-173）。

图 2-2-172

图 2-2-173

公司：双手拇指、食指成"公"字形（图2-2-174）；一手打手指字母"S"的指势（图2-2-175）。

图 2-2-174

图 2-2-175

在：右手横伸，左手伸拇指和小指，由上而下移至手掌心（图2-2-176）。

哪里：一手伸食指，指尖朝前，下方随意指点几下（图2-2-177）。

图 2-2-176

图 2-2-177

换：双手食指直立，然后左右交叉互换位置（可根据实际模仿"换"的动作）（图2-2-178）。

取：一手五指张开，指尖朝下，边向上移动边握拳（图2-2-179）。

图 2-2-178

图 2-2-179

登：右手横伸，左手食指、中指分开，指尖朝下，在右手背上交替前进（图2-2-180）。

机：一手伸拇指、食指、小指，掌心向下，向前上方做弧形移动，仿佛飞机的外形及起飞状（图2-2-181）。

牌：双手拇指、食指张开，指尖相对，虎口朝上，从中间向两侧移动（图2-2-182）。

图 2-2-180

图 2-2-181

图 2-2-182

13. 表示"请问如何办理无成人陪伴儿童的登机手续"的手势

请：双手掌心向上，在腰部向旁移，表示邀请之意（图2-2-183）。

问（访问、咨询）：一手五指微屈，掌心向外，从嘴前向外微移向下（图2-2-184）。

图 2-2-183

图 2-2-184

如何：双手直立，掌心相对，五指弯曲，交替左右转动一下（图2-2-185）；一手打手指字母"H"的指势（图2-2-186）。

图　2-2-185

图　2-2-186

办：双手横伸，掌心向下，互拍手背（图2-2-187）。

理：双手侧立，掌心相对，向一侧一顿一顿地移动几下（图2-2-188）。

图　2-2-187

图　2-2-188

无：一手拇指、食指、中指指尖朝上，互捻一下，然后伸开（图2-2-189）。

图　2-2-189

成人：一手平伸，掌心向下，向上慢慢移动，表示长大（图2-2-190）；双手食指搭成"人"

图 2-2-190

图 2-2-191

字形(图2-2-191)。

陪伴:双手食指直立,一左一右,同时向前移动,如一个人陪着另一个人(图2-2-192)。

儿童:一手平伸,掌心向下,在胸前向下微压(根据小孩、儿童、少年不同身高而决定手的高低)(图2-2-193)。

图 2-2-192

图 2-2-193

的:一手打手指字母"D"的指势(助词"得""地"同样适用)(图2-2-194)。

图 2-2-194

登:右手横伸,左手食指、中指分开,指尖朝下,在右手背上交替前进(图2-2-195)。

机：一手伸拇指、食指、小指，掌心向下，向前上方做弧形移动，仿佛飞机的外形及起飞状（图2-2-196）。

图　2-2-195

图　2-2-196

手续：右手横伸，左手拍一下右手手背（图2-2-197）；一手握拳，然后依次横伸食指、中指、无名指、小指（图2-2-198）。

图　2-2-197

图　2-2-198

14. 表示"你好，我要换登机牌"的手势

你：一手指指向对方（图2-2-199）。

好：一手伸拇指（图2-2-200）。

图　2-2-199

图　2-2-200

我：一手食指指向自己（图2-2-201）。

要：一手平伸，掌心向上，由外向内移动一下（图2-2-202）。

图 2-2-201

图 2-2-202

换：双手食指直立，然后左右交叉互换位置（可根据实际情况做出"换"的动作）（图2-2-203）。

图 2-2-203

登：右手横伸，左手食指、中指分开，指尖朝下，在右手背上交替前进（图2-2-204）。

机：一手伸拇指、食指、小指，掌心向下，向前上方做弧形移动，仿佛飞机的外形及起飞状（图2-2-205）。

牌：双手拇指、食指张开，指尖相对，虎口朝上，从中间向两侧移动（图2-2-206）。

图 2-2-204

图 2-2-205

图 2-2-206

15. 表示"好的,请您出示身份证"的手势

好:一手伸拇指(图2-2-207)。

的:一手打手指字母"D"的指势(助词"得""地"同样适用)(图2-2-208)。

图 2-2-207

图 2-2-208

请:双手平伸,掌心向上,同时向一侧微移(图2-2-209)。

您:一手指指向对方(图2-2-210)。

图 2-2-209

图 2-2-210

出:一手伸拇指、小指,由内向外移动(图2-2-211)。

示:右手食指、中指横伸,左手食指在右手食指、中指间空中书写"小"字形,仿"示"字形(图2-2-212)。

图 2-2-211

图 2-2-212

身份证：一手手掌贴于胸部，并向下移动一下（图2-2-213）；双手平伸，掌心向上，由两侧向中间移动并互碰一下（图2-2-214）。

图 2-2-213

图 2-2-214

（三）飞机晚点询问

1. 表示"请问飞机能准时起飞吗"的手势

请：双手平伸，掌心向上，同时向一侧微移，表示邀请之意（图2-2-215）。

问（访问、咨询）：一手五指微屈，掌心向外，从嘴前向外微移向下（图2-2-216）。

图 2-2-215

图 2-2-216

飞机：一手伸拇指、食指、小指，掌心向下，向前上方做弧形移动，仿佛飞机的外形及起飞状（图2-2-217）。

图 2-2-217

能：一手直立，掌心向外，然后食指、中指、无名指、小指弯曲一下或两下（图2-2-218）。

图　2-2-218

准：右手食指直立，左手侧立，指尖对准右手食指（图2-2-219）。

时：右手侧立，左手伸拇指、食指，拇指指尖抵于右手掌心，食指向下移动（图2-2-220）。

图　2-2-219

图　2-2-220

起飞：一手伸拇指、食指、小指、掌心向下，向前上方做弧形移动，仿飞机外形及起飞状（图2-2-221）。

吗：一手食指书写"？"（图2-2-222）。

图　2-2-221

图　2-2-222

2. 表示"由于天气（雷、雨、大雾、大雪）原因，飞机可能晚点"的手势

由于：右手伸拇指，左手食指碰一下右手拇指指尖（图2-2-223）；右手食指、中指横伸，左手食指在右手食指、中指中间书写"I"字形，仿"于"字形（图2-2-224）。

图　2-2-223　　　　　　　　图　2-2-224

天气：一手食指直立，在头前上方转动一圈（图2-2-225）；一手打手指字母"Q"的指势，指尖朝内置于鼻孔处（图2-2-226）。

图　2-2-225　　　　　　　　图　2-2-226

雷：一手食指先指耳部，然后做"Ϟ"形移动，同时五指放开，象征雷声震耳（图2-2-227和图2-2-228）。

图　2-2-227　　　　　　　　图　2-2-228

雨：双手五指微屈并分开，指尖向下，上下快速移动几下，表示雨点落下（图2-2-229）。

图 2-2-229

大：双手侧立，掌心相对，同时向两侧移动，幅度要大一些（图2-2-230）。
雾：一手直立，掌心向外，五指张开，在眼前转几圈，表示重雾迷目（图2-2-231）。

图 2-2-230　　　　　　　　图 2-2-231

大：双手侧立，掌心相对，同时向两侧移动，幅度要大一些（图2-2-232）。
雪：双手平伸，掌心向下，五指分开，边交替点动边向斜下方缓缓移动，如雪花飘落之状（图2-2-233）。

图 2-2-232　　　　　　　　图 2-2-233

原因：一手拇指、食指捏成小圆形，"圆"同"原"同音，借代（图2-2-234）；一手食指书写

图 2-2-234

图 2-2-235

"？"（图2-2-235）。

飞机：一手伸拇指、食指、小指，掌心向下，向前上方做弧形移动，仿飞机外形及起飞状（图2-2-236）。

可能：一手直立，掌心向外，然后食指、中指、无名指、小指弯曲一下或两下（图2-2-237）。

图 2-2-236

图 2-2-237

晚点：右手侧立，左手五指伸出，拇指指尖抵于右手掌心，其他四指向下转动，表示时间已迟（图2-2-238）；右手横伸，五指虚捏，手背向上，左手食指指一下右手腕（图2-2-239）。

图 2-2-238

图 2-2-239

(四)安检及行李托运

1. 表示"请您脱下外面的衣服,把手机、手提电脑、充电宝放入机器中检查"的手势

请:双手平伸,掌心向上,同时向一侧微移,表示邀请之意(图2-2-240)。

您:一手食指指向对方(图2-2-241)。

图 2-2-240

图 2-2-241

脱:双手五指像捏,模仿脱衣动作(可根据实际情况模仿"脱"的动作)(图2-2-242)。

下:一手伸食指向下指(图2-2-243)。

图 2-2-242

图 2-2-243

外面:右手横立,左手伸食指,指尖朝下,在右手手背外向下指,表示外面(图2-2-244)。

的:一手打手指字母"D"的指势(助词"得""地"也用此姿势)(图2-2-245)。

图 2-2-244

图 2-2-245

衣服：一手拇指、食指揪一下胸前的衣服（图2-2-246）。

把：一手先打手指字母"B"的指势，然后变为手掌，并向下微移一下（图2-2-247）。

图 2-2-246

图 2-2-247

手机：右手伸拇指，其他四指握拳，左手食指在右手上随意点几下，如在手机上拨号（图2-2-248）；右手姿势不变，置于耳边做"听"手机的动作（图2-2-249）。

图 2-2-248

图 2-2-249

手：右手横伸，掌心向下，左手手掌拍一下右手手背（图2-2-250）。

提：一手握拳下垂，手背微屈，向上提起（可根据实际情况模仿"提"的动作）（图2-2-251）。

图 2-2-250

图 2-2-251

电脑：双手平伸，掌心向下，五指交替灵活点动，如敲击计算机键盘状（图2-2-252）；

双手手背朝外,五指弯曲,食指、中指、无名指、小指关节交错相触,并向下移动一下(图2-2-253)。

图　2-2-252

图　2-2-253

充电:一手做"⌒"形挥动(图2-2-254)。

宝:用字母"B"的手势来表示(图2-2-255)。

图　2-2-254

图　2-2-255

放:双手虚握,虎口朝上,然后同时张开五指,掌心向下(表示"放东西"的意思,可用一只手打手势)(图2-2-256)。

入:一手伸拇指、小指,指尖朝内向里移动(图2-2-257)。

图　2-2-256

图　2-2-257

机器：双手五指弯曲，食指、中指、无名指、小指关节交替相触，并转动几下，如机器齿轮转动（图2-2-258）。

中：右手拇指、食指与左手食指搭成"中"字形（图2-2-259）。

图　2-2-258

图　2-2-259

检查：双手拇指、食指、中指相捏，指尖朝下，上下交替移动几下（图2-2-260）。

图　2-2-260

2. 表示"先生/女士您好，请配合检查，打开双臂、转身"的手势

先生：一手伸拇指，其余四指弯曲，贴于胸部（图2-2-261）。

图　2-2-261

女士：左手拇指、食指捏一下耳垂（图2-2-262）；一手食指书写"土"字形（图2-2-263）。

图　2-2-262

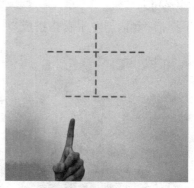

图　2-2-263

您：一手食指指向对方（图2-2-264）。

好：一手伸出拇指（图2-2-265）。

图　2-2-264

图　2-2-265

请：双手平伸，掌心向上，同时向一侧微移（图2-2-266）。

图　2-2-266

配合：双手横立，五指分开，由两侧向中间移动并互相交叉夹住（图2-2-267）；双手直立,五指微屈,掌心相对,由两侧向中间合拢(图2-2-268)。

图 2-2-267　　　　　　　图 2-2-268

检查:双手拇指、食指、中指相捏,指尖朝下,上下交替移动几下(图2-2-269)。

图 2-2-269

打:一手握拳,向前挥动一下(可根据实际模仿"打"的动作)(图2-2-270)。

开:双手并排直立,掌心向外,然后向内转动90°,掌心相对(可根据实际情况模仿"开"的动作)(图2-2-271)。

图 2-2-270　　　　　　　图 2-2-271

双:一手食指、中指先分开直立,然后并拢(图2-2-272)。

臂：右手横伸，屈肘握拳，左手手掌自上而下摸一下右手手臂（图2-2-273）。

图 2-2-272

图 2-2-273

转：双手伸食指，指尖相对一上一下，相距约10厘米，然后交替做平面转动（可根据实际模仿"转"的动作）（图2-2-274）。

身：双手掌心向内，贴于胸部，向下微移，表示身体（图2-2-275）。

图 2-2-274

图 2-2-275

3. 表示"请您配合我的检查，打开行李箱"的手势

请：双手平伸，掌心向上，同时向一侧微移，表示邀请之意（图2-2-276）。

您：一手食指指向对方（图2-2-277）。

图 2-2-276

图 2-2-277

配合：双手横立，五指分开，由两侧向中间移动并互相交叉夹住（图2-2-278）；双手直立，五指微屈，掌心相对，由两侧向中间合拢（图2-2-279）。

图　2-2-278　　　　　　　　　　　图　2-2-279

我：一手食指指向自己（图2-2-280）。

的：一手打手指字母"D"的指势（助词"得""地"也用此姿势）（图2-2-281）。

图　2-2-280　　　　　　　　　　　图　2-2-281

检查：双手拇指、食指、中指相捏，指尖朝下，上下交替移动几下（图2-2-282）。

图　2-2-282

打：一手握拳，向前挥动一下（可根据实际模仿"打"的动作）（图2-2-283）。

开：双手并排直立，掌心向外，然后向内转动90°，掌心相对（可根据实际情况模仿"开"的动作）（图2-2-284）。

图 2-2-283

图 2-2-284

行李箱：一手握拳做下垂做提重物状，然后顿一顿向前移动几下（图2-2-285）；双手伸食指，指尖朝下，先互碰一下，然后分别向两侧移动并张开五指（图2-2-286和图2-2-287）。

图 2-2-285

图 2-2-286

图 2-2-287

4. 表示"很遗憾地告诉您，易燃品不能带上飞机"的手势

很：一手食指横伸，拇指指尖抵于食指根部，然后向下一顿（图2-2-288）。

图 2-2-288

遗憾：右手横伸，左手握拳在右手掌上轻捶两下，面露遗憾表情（图2-2-289）；双手平伸，掌心向上，向下甩动几下（图2-2-290）。

图　2-2-289

图　2-2-290

地：一手打手指字母"D"的指势（图2-2-291）。

图　2-2-291

告诉：一手五指撮合，指尖朝前，从嘴部边向前移动边张开五指（图2-2-292）。
您：一手食指指向对方（图2-2-293）。

图　2-2-292

图　2-2-293

易：左手拇指与食指相捏，在右手臂上捶一下，然后移至胸前上下微动几下，表示不费力（图2-2-294）。

燃：双手五指微屈，指尖朝上，上下交替动几下（图2-2-295）。

品：双手拇指与食指捏成圆圈，右手在上不动，左手在下连打两次，仿"品"字形（图2-2-296）。

图 2-2-294

图 2-2-295

图 2-2-296

不：一手直立，掌心向外，左右摆动几下（图2-2-297）。

能：一手直立，掌心向外，然后食指、中指、无名指、小指弯曲一两下（图2-2-298）。

图 2-2-297

图 2-2-298

带：一手握住另一手腕，由一侧向另一侧移动（图2-2-299）。

上：一手食指指向上方（图2-2-300）。

图 2-2-299

图 2-2-300

飞机：一手伸出拇指、食指、小指，掌心向下，向前上方做弧形移动，仿飞机外形及起飞状（图2-2-301）。

图 2-2-301

5. 表示"剪刀不能带上飞机"的手势

剪刀：一手食指与中指伸直，夹动几下，如同用剪刀剪物品（图2-2-302）。

图 2-2-302

不：一手直立，掌心向外，左右摆动几下（图2-2-303）。

能：一手直立，掌心向外，然后食指、中指、无名指、小指弯曲一两下（图2-2-304）。

图 2-2-303　　　　　　　图 2-2-304

带：右手虚捏，手背向上；左手抓住右手腕并向一侧移动（图2-2-305）。

上：一手食指指向上方（图2-2-306）。

图　2-2-305

图　2-2-306

飞机：一手伸出拇指、食指、小指，掌心向下，向前上方做弧形移动，仿飞机外形及起飞状（图2-2-307）。

图　2-2-307

6. 表示"文件规定，子弹、电子装置、酒精、火药、管制刀具属于禁止携带物品"的手势

文：一手食指书写"文"字（图2-2-308）。

件：左手拇指、食指成"亻"字形，右手食指书写"牛"字形（图2-2-309）。

图　2-2-308

图　2-2-309

规定：右手横立，由内向外一顿一顿地移动几下（图2-2-310）；一手食指直立，向下挥动一下（图2-2-311）。

图 2-2-310

图 2-2-311

子弹：双手如持步枪射击状（图2-2-312）；一手拇指、食指张开，相距约3厘米（图2-2-313）。

图 2-2-312

图 2-2-313

电子：一手食指做"㇆"形手势（图2-2-314）；一手食指书写"子"字形（图2-2-315）。

图 2-2-314

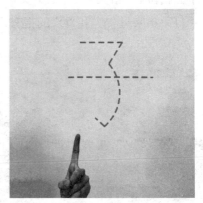
图 2-2-315

装：双手手背向外，五指撮合，指尖相对，然后互碰几下，模拟组装动作（图2-2-316）。
置：一手打手指字母"ZH"的指势（图2-2-317）。

图　2-2-316　　　　　　　　　　图　2-2-317

酒精：一手打手指字母"J"的指势放在嘴边，做喝酒状（图2-2-318）；右手横伸，左手拇指、食指、中指相捏，如捏药棉在右手背上做涂擦状（图2-2-319）。

图　2-2-318　　　　　　　　　　图　2-2-319

火：双手五指微屈，指尖朝上，上下交替动几下（图2-2-320）。
药：一手打手指字母"Y"和"O"的指势（图2-2-321和图2-2-322）。

图　2-2-320　　　　　图　2-2-321　　　　　图　2-2-322

管制：右手拍一下左肩部（图2-2-323）；右手伸拇指和小指，左手拇指、食指捏成圆圈套在右手拇指上（图2-2-324）。

图　2-2-323

图　2-2-324

刀：右手食指指尖朝前；左手并拢，在右手食指指尖上削一下，如用刀削物状（图2-2-325）。
具：一手打字母"J"的指势（图2-2-326）。

图　2-2-325

图　2-2-326

属于：右手侧立，五指张开、微屈；左手五指撮合，移向右手掌心（图2-2-327）；右手食指与中指横伸；左手食指从右手食指、中指中间书写"J"字形，仿"于"字形（图2-2-328）。

图　2-2-327

图　2-2-328

禁止：右手横伸，掌心向上；左手侧立，向右手掌心上切一下（图2-2-329）。
携带：右手虚捏，手背向上；左手抓住右手腕并向一侧移动（图2-2-330）。

图　2-2-329

图　2-2-330

物：双手伸食指，指尖朝前，先互碰一下，然后分别向两侧移动并张开五指（图2-2-331和图2-2-332）。

图　2-2-331

图　2-2-332

品：双手拇指、食指捏成圆圈，右手在上不动，左手在下连打两次，仿"品"字形（图2-2-333）。

图　2-2-333

7. 表示"根据中国民航的规定，这些东西不允许带上飞机，我们必须没收"的手势
根据：右手握拳，手背向上，左手握住右手腕部（图2-2-334）。

中国：一手伸食指，自咽喉部向下顺胸部至右腰部划下，以民族服装旗袍的前襟线表示中国（图2-2-335）。

图　2-2-334

图　2-2-335

民：双手食指搭成"人"字形并顺时针转一圈，表示人多的意思（图2-2-336）。

航：一手伸拇指、食指、小指，掌心向下，向前上方作弧形移动，仿飞机外形及起飞状（图2-2-337）。

图　2-2-336

图　2-2-337

的：一手打手指字母"D"的指势（图2-2-338）。

图　2-2-338

规定：右手横立，由内向外一顿一顿地移动几下（图2-2-339）；一手食指直立，向下挥动一下（图2-2-340）。

图　2-2-339

图　2-2-340

这：一手伸食指，指尖朝下指点一下（图2-2-341）。

些：一手五指直立，掌心向内，从拇指起依次弯曲五指（图2-2-342）。

图　2-2-341

图　2-2-342

东西：双手伸食指，指尖朝前，先互碰一下，然后分别向两侧移动并张开五指（图2-2-343和图2-2-344）。

图　2-2-343

图　2-2-344

不：一手直立，掌心向外，左右摆动几下（图2-2-345）。

允许：一手直立，掌心向外，然后食指、中指、无名指、小指弯曲一两下（图2-2-346）。

图　2-2-345　　　　　　　图　2-2-346

带：右手虚握，手背向上；左手抓住右手腕并向一侧移动（图2-2-347）。

上：一手食指指向上方（图2-2-348）。

图　2-2-347　　　　　　　图　2-2-348

飞机：一手伸拇指、食指、小指，掌心向下，向前上方作弧形移动，仿飞机外形及起飞状（图2-2-349）。

图　2-2-349

我们：一手食指指向自己（图2-2-350）；一手横伸，掌心向下，在胸前平行转半圈（图2-2-351）。

图 2-2-350

图 2-2-351

必须：一手食指直立，向下一挥（图2-2-352）。

图 2-2-352

没收：一手伸平，掌心向下，五指张开，然后由外向内移动，并收拢五指（图2-2-353）。双手伸平，掌心向上，一边向内移动，一边张开五指（图2-2-354）。

图 2-2-353

图 2-2-354

8. 表示"这是给您的没收物品单据，请您拿好"的手势

这：一手伸直食指，指尖朝下指点一下（图2-2-355）。

是：一手食指与中指相叠，由上而下挥动一下（图2-2-356）。

图 2-2-355

图 2-2-356

给：一手五指虚捏，掌心向上，边向外移边张开手，如给别人东西（图2-2-357）。
您：一手食指指向对方（图2-2-358）。
的：一手做出手指字母"D"的指势（图2-2-359）。

图 2-2-357

图 2-2-358

图 2-2-359

没收：一手伸平，掌心向下，五指张开，然后由外向内移动，并收拢五指（图2-2-360）；双手伸平，掌心向上，一边向内移动，一边张开五指（图2-2-361）。

图 2-2-360

图 2-2-361

物：双手伸食指，指尖朝前，先互碰一下，然后分别向两侧移动并张开五指（图2-2-362和图2-2-363）。

图 2-2-362

图 2-2-363

品：双手拇指、食指捏成圆圈，右手在上不动，左手在下连打两次，仿"品"字形（图2-2-364）。

图 2-2-364

单据：双手拇指、食指张开，指尖相对，如单据宽度，由中间向两边微拉（图2-2-365）；双手横伸，掌心向上，指尖相对，右手不动，左手向下翻转，如撕发票状（图2-2-366）。

图 2-2-365

图 2-2-366

请：双手平伸，掌心向上，同时向一侧微移，表示邀请之意（图2-2-367）。

您：一手食指指向对方（图2-2-368）。

图 2-2-367

图 2-2-368

拿：一手五指张开，指尖朝下，边向上移动边握拳，如拿东西状（图2-2-369）。
好：一手伸出拇指（图2-2-370）。

图 2-2-369

图 2-2-370

9. 表示"一个月内您不来，我们就不替您保管了"的手势

一：一手食指直立（或横伸）（图2-2-371）。
个：右手拇、食指与左手食指搭成"个"字形（图2-2-372）。

图 2-2-371

图 2-2-372

月：右手食指直立；左手食指横伸，从右手食指尖向下划动，表示一月（图2-2-373）。
内：右手横立，左手食指直立，在右手掌内由上向下移动，表示里面（图2-2-374）。

图　2-2-373

图　2-2-374

您：一手食指指向对方（图2-2-375）。

图　2-2-375

不：一手直立，掌心向外，左右摆动几下（图2-2-376）。
来：一手掌心向下，向内挥动一下（图2-2-377）。

图　2-2-376

图　2-2-377

我们：一手食指指向自己（图2-2-378）；然后一手横伸，掌心向下，在胸前平行转半圈（图2-2-379）。

图　2-2-378

图　2-2-379

就：右手横伸，掌心向上；左手打手指字母"J"的指势，然后贴向右手掌心（图2-2-380）。

不：一手直立，掌心向外，左右摆动几下（图2-2-381）。

图　2-2-380

图　2-2-381

替：拇指跟中指、无名指相抵，成圆圈，食指和小指伸出，指尖向上，手心向前偏左（图2-2-382）。

您：一手食指指向对方（图2-2-383）。

图　2-2-382

图　2-2-383

保管：双手斜伸，掌心向下按一下（图2-2-384）；右手掌拍一下左肩部（图2-2-385）。

图 2-2-384　　　　　　　图 2-2-385

了：一手食指书写"了"字形（图2-2-386）。

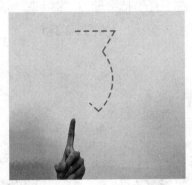

图 2-2-386

10. 表示"请您从工作人员通道出去，办理托运手续"的手势

请：双手平伸，掌心向上，同时向一侧微移，表示邀请之意（图2-2-387）。

您：一手食指指向对方（图2-2-388）。

图 2-2-387　　　　　　　图 2-2-388

从：双手食、中指搭成"从"字形（图2-2-389）。

图 2-2-389

工作：右手食指、中指与左手食指搭成"工"字形（图2-2-390）；双手握拳，一上一下，左拳向下砸一下右拳（图2-2-391）。

图 2-2-390　　　　　　　图 2-2-391

人：双手搭成"人"字形（图2-2-392）。
员：左手拇、食指捏成小圆圈贴于身体右前方（图2-2-393）。

图 2-2-392　　　　　　　图 2-2-393

通：双手食指横伸，指尖相对，由两侧向中间交错移动（图2-2-394）。

道：双手侧立，掌心相对，相距约20厘米，向前伸出（图2-2-395）。

图 2-2-394

图 2-2-395

出去：一手伸拇指、小指，由内向外移动（图2-2-396）。

图 2-2-396

办：双手横伸，掌心向下，互拍手背（图2-2-397）。

理：双手侧立，掌心相对，向一侧一顿一顿地移动几下（图2-2-398）。

图 2-2-397

图 2-2-398

托运：双手平伸，掌心向上，同时向前上方伸出（图2-2-399）；双手横伸，掌心向上，五指微屈,由两侧向中间交错移动,如运输车辆一样往来(图2-2-400)。

图　2-2-399

图　2-2-400

手续:右手横伸,左手拍一下右手手背(图2-2-401);一手握拳,然后依次伸出食指、中指、无名指、小指(图2-2-402)。

图　2-2-401

图　2-2-402

11. 表示"我要托运三件行李"的手势

我:一手食指指向自己(图2-2-403)。

要:一手平伸,掌心向上,由外向内移动一下(图2-2-404)。

图　2-2-403

图　2-2-404

托运：双手平伸，掌心向上，同时向前上方伸出（图2-2-405）；双手横伸，掌心向上，五指微屈，由两侧向中间交错移动（图2-2-406）。

图 2-2-405

图 2-2-406

三：一手食指、中指、无名指直立（或横伸）（图2-2-407）。

件：左手拇指、食指成"亻"字形，右手食指书写"牛"字形，仿"件"字形（图2-2-408）。

图 2-2-407

图 2-2-408

行李：一手握拳下垂做提重物状，然后顿一顿向前移动几下（图2-2-409）；双手伸食指，指尖朝下，先互碰一下，然后分别向两侧移动并张开五指（图2-2-410和图2-2-411）。

图 2-2-409

图 2-2-410

图 2-2-411

12. 表示"您的行李超重,请您补缴费用100元"的手势

您:一手食指指向对方(图2-2-412)。

的:一首打手指字母"D"的指势(助词"得""地"也用此姿势)(图2-2-413)。

图 2-2-412

图 2-2-413

行李:一手握拳下垂做提重物状,然后顿一顿向前移动几下(图2-2-414);双手伸食指,指尖朝下,先互碰一下,然后分别向两侧移动并张开五指(图2-2-415和图2-2-416)。

图 2-2-414

图 2-2-415

图 2-2-416

超:双手食指直立,左手不动,右手向上移动(图2-2-417)。

重:双手平伸,掌心向上,同时向下一顿(图2-2-418)。

图 2-2-417

图 2-2-418

请：双手平伸，掌心向上，同时向一侧微移（图2-2-419）。
您：一手食指指向对方（图2-2-420）。

图　2-2-419

图　2-2-420

补：右手侧立，左手五指捏成圆形，虎口朝左贴向右手掌心（图2-2-421）。
缴：一手五指虚捏，掌心向上，边向外移动张开手（图2-2-422）。

图　2-2-421

图　2-2-422

费用：一手拇指、食指相捏成圆形，微微晃动几下，表示钱币（图2-2-423）。

图　2-2-423

一：一手食指直立（或者横伸）（图2-2-424）。
百：左手食指直立，从右向左挥动一下（图2-2-425）。
元：双手拇指、食指弯曲，指尖稍分开，分别形成一个半圆形（图2-2-426）。

图 2-2-424

图 2-2-425

图 2-2-426

（五）礼貌用语

1. 表示"很抱歉打扰你了"的手势

很：一手拇指指尖抵于食指根部，向下一沉（图2-2-427）。

抱歉：双手抱拳作揖，脸露抱歉表情（图2-2-428）；一手伸小指，指尖朝胸部点几下，表示自责之意（图2-2-429）。

图 2-2-427

图 2-2-428

图 2-2-429

打扰：一手握拳向前打一下（图2-2-430）；双手拇指和四指相捏，指尖相对，先相互接触一下，再放开五指（图2-2-431）。

图 2-2-430

图 2-2-431

你：一手食指指向对方（图2-2-432）。

了：一手食指书写"了"字形（图2-2-433）。

图　2-2-432

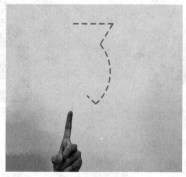

图　2-2-433

2. 表示"请原谅我"的手势

请：双手掌心向上，在腰部向旁移，表示请求之意（图2-2-434）。

原谅：一手拇指、食指握成小圆形，向前微伸，并点头（图2-2-435）。

图　2-2-434

图　2-2-435

我：一手食指指向自己（图2-2-436）。

图　2-2-436

3. 表示"请原谅我的过失"的手势

请：手掌心向上，在腰部向旁移，表示请求之意（图2-2-437）。

原谅：一手拇指、食指握成小圆形，向前微伸，并点头（图2-2-438）。

图　2-2-437

图　2-2-438

我：一手食指指向自己（图2-2-439）。

的：手指字母"D"的指势（图2-2-440）。

图　2-2-439

图　2-2-440

过失：一手食指与中指贴于前额，然后翻转一下（图2-2-441）。

图　2-2-441

4. 表示"我太马虎了"的手势

我：一手食指指向自己（图2-2-442）。

太：一手食指书写"太"字形（图2-2-443）。

图　2-2-442

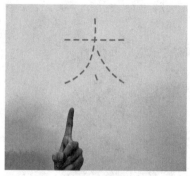
图　2-2-443

马虎：一手食指直伸，虎口贴近太阳穴，前后微动几下，如马的耳朵（图2-2-444）；双手拇指、食指各捏成小圆圈，其他手指伸开，先置于眼前，再互换位置表示眼睛走神了（图2-2-445）。

了：一手食指书写"了"字形（图2-2-446）。

图　2-2-444

图　2-2-445

图　2-2-446

5. 表示"谢谢您的理解"的手势

谢谢：一手伸拇指，弯曲两下（图2-2-447）。

图　2-2-447

您：一手食指指向对方（图2-2-448）。

的：一手做出手指字母"D"的指势（图2-2-449）。

图 2-2-448

图 2-2-449

理解：一手手指打出字母"L"的指势（图2-2-450）；一手食指向太阳穴处点一下（图2-2-451）。

图 2-2-450

图 2-2-451

6. 表示"谢谢您的合作"的手势

谢谢：一手伸拇指，弯曲两下（图2-2-452）。

图 2-2-452

您：一手食指指向对方（图2-2-453）。

的：一手做出字母"D"的指势（图2-2-454）。

图 2-2-453

图 2-2-454

合作：双手直立，五指微屈，掌心相对，由两侧向中间合拢（图2-2-455）；双手握拳，一上一下，左拳砸一下右拳（图2-2-456）。

图 2-2-455

图 2-2-456

7. 表示"您真是善解人意"的手势

您：一手食指指向对方（图2-2-457）。

图 2-2-457

真：右手食指横伸，左手伸食指，指尖朝前自上而下敲一下右手食指（图2-2-458）。
是：一手食指、中指相搭，并点动一下（图2-2-459）。

图　2-2-458

图　2-2-459

善解人意：双手拇、食指在身体正前方搭成"心"字形，然后左手伸出拇指，并向上一挑（图2-2-460）；双手五指微屈，指尖朝下，手背相对，同时向两侧扒动两下（图2-2-461）；双手食指搭成"人"字形（图2-2-462）；一手手指打出字母"Y"的指势（图2-2-463）。

图　2-2-460

图　2-2-461

图　2-2-462

图　2-2-463

8. 表示"您真是太好了"的手势

您：一手食指指向对方（图2-2-464）。

真：右手食指横伸，左手伸食指，指尖朝前自上而下敲一下右手食指（图2-2-465）。
是：一手食指、中指相搭，并点动一下（图2-2-466）。

图　2-2-464

图　2-2-465

图　2-2-466

太：一手食指书写"太"字形（图2-2-467）。
好：一手伸出拇指（图2-2-468）。
了：一手食指书写"了"字形（图2-2-469）。

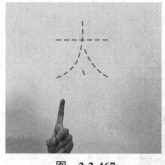
图　2-2-467

图　2-2-468

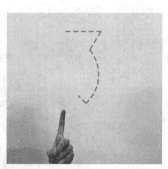
图　2-2-469

9. 表示"谢谢您所做的一切"的手势

谢谢：一手伸拇指，弯曲两下（图2-2-470）。
您：一手食指指向对方（图2-2-471）。

图　2-2-470

图　2-2-471

所：双手五指微屈，手心向上，然后向下作弧形移动，手腕靠拢（图2-2-472）。
做：双手握拳，一上一下，左拳砸一下右拳（图2-2-473）。

图　2-2-472

图　2-2-473

的：一手做出手指字母"D"的指势（图2-2-474）。
一切：双手五指微屈，手心向上，然后向下作弧形移动，手腕靠拢（图2-2-475）。

图　2-2-474

图　2-2-475

10. 表示"谢谢您的帮助"的手势

谢谢：一手伸拇指，弯曲两下（图2-2-476）。
您：一手食指指向对方（图2-2-477）。

图　2-2-476

图　2-2-477

的：一手做出手指字母"D"的指势（图2-2-478）。

帮助：双手斜伸，掌心向外，按动两下，表示给人帮助（图2-2-479）。

图　2-2-478

图　2-2-479

11. 表示"再次感谢"的手势

再：左手食指横伸；拇指与中指相捏，一边向右移动，一边伸开拇指、中指（图2-2-480）。

次：拇指在下，向上弯曲，其余四指弯曲，相对成"C"字形，虎口朝里（图2-2-481）。

图　2-2-480

图　2-2-481

感谢：左手掌贴于右前方（图2-2-482）；一手伸拇指，弯曲两下（图2-2-483）。

图　2-2-482

图　2-2-483

12. 表示"不客气"的手势

不：一手直立，掌心向外，左右摆动几下（图2-2-484）。

客气：双手掌心向上，左右微动几下，上身略俯，表现谦虚待人的样子（图2-2-485）。

图 2-2-484

图 2-2-483

第三章　客舱服务用语

一、基础词汇

（一）礼貌用语

1. 表示"您好"的手势

您：一手食指指向对方（图3-1-1）。

好：一手握拳，向上伸出拇指（图3-1-2）。

图 3-1-1　　　　　　　　　　图 3-1-2

2. 表示"早上好"的手势

早上：一手四指与拇指相捏，手背向上横放胸前，缓缓向上抬起，五指逐渐张开，象征天色由暗转明（图3-1-3）。

好：一手握拳，向上伸出拇指（图3-1-4）。

图 3-1-3　　　　　　　　　　图 3-1-4

3. 表示"下午好"的手势

下午：左手食指直立于肩部，向右侧作弧形下移，象征太阳从头顶逐渐西坠（图3-1-5）。

好：一手握拳，向上伸出拇指（图3-1-6）。

图 3-1-5　　　　　　　　图 3-1-6

4. 表示"晚上好"的手势

晚上：一手四指并拢与拇指成90°直角，放在眼前，然后缓慢作弧形下移，同时五指捏合，象征天色由明转暗（图3-1-7）。

好：一手握拳，向上伸出拇指（图3-1-8）。

图 3-1-7　　　　　　　　图 3-1-8

5. 表示"对不起"的手势

对不起：一手五指并拢，举于额际，先做"敬礼"手势，然后下放改伸小指，在胸部点几下，表示向人致歉并自责之意（图3-1-9和图3-1-10）。

图 3-1-9　　　　　　　　图 3-1-10

6. 表示"谢谢"的手势

谢谢：一手伸拇指，弯曲两下（图3-1-11）。

图 3-1-11

7. 表示"不客气"的手势

不：一手伸直，左右摆动几下（图3-1-12）。

客气：双手掌心向上，左右微动几下，上身略俯，表现谦虚待人的样子（图3-1-13）。

图 3-1-12　　　　　图 3-1-13

（二）机上人员及物品设施

1. 表示"旅客"的手势

（1）一手伸拇指、小指转动一圈（图3-1-14）。

（2）双手掌心向上，同时向一侧移动一下（图3-1-15）。

图 3-1-14　　　　　图 3-1-15

2. 表示"乘务员"的手势

服务员：右手横立，掌心向内，在左侧胸部向上划动两下（图3-1-16）。左手拇指、食指捏成圆形，虎口朝内，贴于右胸口（图3-1-17）。

图　3-1-16　　　　　　　　图　3-1-17

3. 表示"乘务长"的手势

飞机：一手伸拇指和小指，掌心向下，向前上方作弧形移动，象征飞机外形及起飞情况（图3-1-18）。

图　3-1-18

服务员：右手横立，掌心向内，在左侧胸部向上划动两下（图3-1-19）。左手拇指、食指捏成圆形，虎口朝内，贴于右胸口（图3-1-20）。

图　3-1-19　　　　　　　　图　3-1-20

负责：一手拍打另一侧肩部（图3-1-21）。

人：双手食指搭成"人"字形（图3-1-22）。

图 3-1-21

图 3-1-22

4. 表示"安全员"的手势

安全：一手横伸，掌心向下，自胸部向下一按（图3-1-23）；一手伸拇指，逆时针平行转动一圈（图3-1-24）。

图 3-1-23

图 3-1-24

负责：一手拍打另一侧肩部（图3-1-25）。

人：双手食指搭成"人"字形（图3-1-26）。

图 3-1-25

图 3-1-26

5. 表示"机长"的手势

飞机：一手伸拇指、食指和小指，掌心向下，向前上方作弧形移动，象征飞机外形及起飞情况（图3-1-27）。

负责：一手拍打另一侧肩部（图3-1-28）。

人：双手食指搭成"人"字形（图3-1-29）。

图　3-1-27

图　3-1-28

图　3-1-29

6. 表示"洗手间"的手势

洗手间：一手拇指、食指弯曲，其余三指伸直（图3-1-30）。

图　3-1-30

7. 表示"安全带"的手势

安全带：一手伸拇指、食指、小指，手背向上，从低向高移动，如飞机起飞状（图3-1-31）。双手食指与中指弯曲，从两侧向中间移动并相互咬合（此手势表示飞机安全带）（图3-1-32）。

图　3-1-31

图　3-1-32

8. 表示"灭火瓶"的手势

消灭：双手上举，掌心向外，向前扑下，一手掌心压住另一手臂，表示"扑灭""消灭"之意（图3-1-33）。

火：双手五指微屈，指尖向上，交替上下动几下，如火苗跳动状（图3-1-34）。

瓶：双手掌搭成圆形，一手不动，另一手由下向上移动，虚构出瓶子外形（图3-1-35）。

图 3-1-33

图 3-1-34

图 3-1-35

9. 表示"氧气瓶"的手势

氧气：一手食指书写"O"字形，"O"是"氧"的元素符号（图3-1-36）。一手手指做出字母"Q"的指势，并伸向鼻孔，如吸气状（图3-1-37）。

瓶：双手掌搭成圆形，一手不动，另一手由下向上移动，虚构出瓶子外形（图3-1-38）。

图 3-1-36

图 3-1-37

图 3-1-38

10. 表示"服务铃"的手势

服务：左手伸平，手背向外贴于耳前（图3-1-39）。右手按在另一侧的肩部（图3-1-40）。

铃：一手食指朝下，在耳边晃动，如听到铃声（图3-1-41）。

图 3-1-39

图 3-1-40

图 3-1-41

（三）安全提醒短语

1. 表示"系安全带"的手势

绑（系）：右手打手指字母"B"的指势；左手拇指、食指、中指相捏，在左手上绕几圈（图3-1-42）。

图　3-1-42

安全带：一手伸拇指、食指、小指，手背向上，从低向高移动，如飞机起飞状（图3-1-43）。双手食指、中指弯曲，从两侧向中间移动并相互咬合（此手势表示飞机安全带）（图3-1-44）。

图　3-1-43　　　　　　　　　　图　3-1-44

2. 表示"收起小桌板"的手势

收起：双手平伸，掌心向上，边向内移动边收拢五指（图3-1-45）。右手横伸，左手平伸，掌心先贴于右手掌心，然后翻转一下（图3-1-46）。

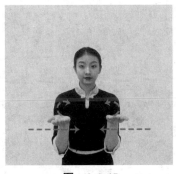 

图　3-1-45　　　　　　　　　　图　3-1-46

小：一手拇指、小指指尖相捏（可根据实际情况模仿"小"的状态）（图3-1-47）。
桌板：双手平伸，掌心向下，从中间向两侧平移，在折而下移，呈"⌒"形（图3-1-48）。

图　3-1-47

图　3-1-48

3. 表示"调直座椅靠背"的手势

椅：右手直伸，左手四指与右手掌成直角，指尖抵住右掌心，如椅子形状（图3-1-49）。
改变：一手食指与中指伸直叉开，转一圈后改伸拇指，表示"改变""好转"（图3-1-50）。
直：一手五指并拢向前伸直（图3-1-51）。

图　3-1-49

图　3-1-50

图　3-1-51

4. 表示"打开遮光板"的手势

打开：双手并排，掌心向外，然后向内翻掌并拉开，掌心向内（图3-1-52）。
挡：右手侧伸，指尖朝前；左手在右手前由上而下一切（图3-1-53）。

图　3-1-52

图　3-1-53

光：一手五指先撮合成尖形，然后斜向一侧移动并放开五指（图3-1-54）。一手五指并拢，向上伸直，以手腕抖动一下（图3-1-55）。

图 3-1-54

图 3-1-55

东西：双手先以食指互碰一下，然后分开并张开五指（图3-1-56和图3-1-57）。

图 3-1-56

图 3-1-57

5. 表示"关闭手机"的手势

关：双手伸掌，掌心向内，然后向外翻掌，双手并拢，掌心向外（图3-1-58）。

图 3-1-58

手机（电话）：右手伸拇指，其他四指握拳，左手食指在右手上随意点几下，如在手机上拨号（图3-1-59）。右手姿势不变，置于耳边做"听"手机的动作（图3-1-60）。

图 3-1-59　　　　　　　图 3-1-60

二、客舱服务常用语

（一）表示"登机"的手势

乘务员：女士们、先生们早上好，欢迎您登机。

女士（们）：同"女"手势（图3-2-1）。一手食指书写"士"字形（图3-2-2）。

图 3-2-1　　　　　　　图 3-2-2

先生（们）：一手伸拇指，贴于胸前，表示尊敬（图3-2-3）。

图 3-2-3

早上：一手四指与拇指相捏，手背向上横放胸前，缓缓向上抬起，五指逐渐张开，象征天色由暗转明（图3-2-4）。

好：一手握拳，向上伸出拇指（图3-2-5）。

图 3-2-4

图 3-2-5

欢迎：双手鼓掌（图3-2-6）。双手掌心向上，往旁移动一下，如邀请动作（图3-2-7）。

您：一手食指指向对方（图3-2-8）。

图 3-2-6

图 3-2-7

图 3-2-8

登机：右手伸拇指、食指、小指，指尖朝前；手背向上；左手伸拇指、小指，指尖朝左，从右向左移至右手掌心下，表示登机（图3-2-9）。（也可根据实际表示登机的情况）

图 3-2-9

（二）表示"引导入座"的手势

乘客：您好，请问我的座位在哪里？

您：一手食指指向对方（图3-2-10）。

好：一手握拳，向上伸出拇指（图3-2-11）。

图 3-2-10

图 3-2-11

请：双手平伸，掌心向上，向一侧微移，表示邀请之意（图3-2-12）。

问（访问、咨询）：一手五指微屈，掌心向外，从嘴前向外微移向下（图3-2-13）。

图 3-2-12

图 3-2-13

我：一手食指指向自己（图3-2-14）。

位置：一手握拳并伸拇指和小指，置于另一手掌上，表示所在的位置（图3-2-15）。

图 3-2-14

图 3-2-15

在：一手伸拇指和小指，坐于另一手掌心上（图3-2-16）。

什么（哪、哪里）：一手食指直立，掌心向外，左右晃动几下，面露疑问的表情（图3-2-17）。

图　3-2-16

图　3-2-17

乘务员：您的座位在32C，请您跟我来。

您：一手食指指向对方（图3-2-18）。

位置：一手握拳并伸拇指和小指，置于另一手掌上，表示所在的位子（图3-2-19）。

图　3-2-18

图　3-2-19

在：一手伸拇指、小指，坐于另一手掌心上（图3-2-20）。

三：一只手做出数字"3"的指势（图3-2-21）。

图　3-2-20

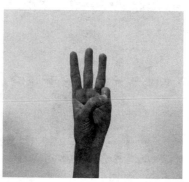
图　3-2-21

十：一只手做出数字"10"的指势（图3-2-22）。

二：一手伸出食、中指，其余三指弯曲（图3-2-23）。

图 3-2-22

图 3-2-23

C：字母"C"的指势如图3-2-24所示。

图 3-2-24

请：双手平伸，掌心向上，向一侧微移，表示邀请之意（图3-2-25）。

跟：双手拇指、小指伸直，一前一后往前移，像是一个人跟着前面一个人走的样子（图3-2-26）。

图 3-2-25

图 3-2-26

我：一手食指指向自己（图3-2-27）。

来：一手掌心向下，由外向内挥动（图3-2-28）。

图　3-2-27

图　3-2-28

（三）表示"迎客"的手势

乘务员：女士们、先生们，欢迎您选乘本次航班，祝您有一个愉快的旅程。

祝贺：双手鼓掌（图3-2-29）。双手抱拳作揖状（图3-2-30）。

图　3-2-29

图　3-2-30

您：一手食指指向对方（图3-2-31）。

有：一手拇指与食指伸直，拇指不动，食指弯动几下（图3-2-32）。

图　3-2-31

图　3-2-32

一：一手伸出食指，其余四指弯曲（图3-2-33）。

个：右手拇指、食指与左手食指搭成"个"字形（图3-2-34）。

图　3-2-33　　　　　　　　　　图　3-2-34

快乐：双手掌心向上，在胸前上下扇动，脸露笑容（图3-2-35）。

图　3-2-35

旅游：一手伸拇指、小指转动两圈（图3-2-36）。一手掌心向内，在眼前转一圈（图3-2-37）。

图　3-2-36　　　　　　　　　　图　3-2-37

（四）表示"送客"的手势

乘务员：女士们、先生们，飞机已安全到达目的地，请您带好您的所有随身物品，再次感谢您选乘本次航班。

女士（们）：同"女"手势（图3-2-38）。一手食指书写"士"字形（图3-2-39）。

图　3-2-38

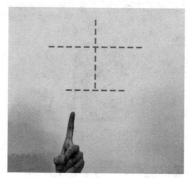

图　3-2-39

先生（们）：一手伸拇指，贴于胸前，表示尊敬（图3-2-40）。

图　3-2-40

飞机：一手伸拇指与小指，掌心向下，向前上方作弧形移动，象征飞机的外形及起飞情况（图3-2-41）。

图　3-2-41

已经：一手五指向身后扇动几下，表示"过去"（图3-2-42）。双手五指微屈，掌心向下，同时向外挥动（图3-2-43）。

图　3-2-42

图　3-2-43

安全：一手横伸，手掌向下，自胸部向下一按（图3-2-44）。一手伸拇指，逆时针平行转动一圈（图3-2-45）。

图　3-2-44

图　3-2-45

到达：一手拇指与小指伸直，向前移动，然后一顿，表示"到达之意"（图3-2-46）。

图　3-2-46

请：双手平伸，掌心向上，向一侧微移，表示邀请之意（图3-2-47）。

拿：一手向下微抓，如拿物状，然后向上提起（图3-2-48）。

好：一手握拳，向上伸出拇指（图3-2-49）。

图 3-2-47

图 3-2-48

图 3-2-49

所有：双手五指并拢微屈，指尖相触，掌心相对，从上向下作弧形移动，变成手腕相挨，表示全部（图3-2-50）。一手拇指与食指伸直，拇指不动，食指向内弯动几下（图3-2-51）。

图 3-2-50

图 3-2-51

东西：双手先以食指互碰一下，然后分开并张开五指（图3-2-52和图3-2-53）。

图 3-2-52

图 3-2-53

谢谢：一手伸出拇指，弯曲两下，表示向人感谢（图3-2-54）。

图 3-2-54

选择：右手五指张开伸直，左手拇指、食指捏一下右手食指，然后向上一提，表示"选拔""选择"（图3-2-55）。一手上举，表示"同意""承认"（图3-2-56）。

图 3-2-55　　　　　　　　　图 3-2-56

这里：一手食指向下指点两下（图3-2-57）。

飞机：一手伸拇指与小指，掌心向下，向前上方作弧形移动，象征飞机外形及起飞情况（图3-2-58）。

图 3-2-57　　　　　　　　　图 3-2-58

（五）表示"询问餐食"的手势

1. 请问您想吃点什么？

请：双手平伸，掌心向上，向一侧微移，表示邀请之意（图3-2-59）。

问（访问、询问）：一手五指微屈，掌心向外，从嘴前向外微移两下（图3-2-60）。

图　3-2-59

图　3-2-60

您：一手食指指向对方（图3-2-61）。

想：一手食指置太阳穴处转动，显示动脑思索的神情（图3-2-62）。

图　3-2-61

图　3-2-62

吃：一手伸食指与中指，由外向嘴边拨动，模拟用筷子吃饭状（图3-2-63）。

什么：双手伸开，掌心向下，然后翻转为掌心向上（图3-2-64）。

图　3-2-63

图　3-2-64

2. 乘客：我不需要。

我：一手食指指向自己（图3-2-65）。

不：一手伸直，左右摆动几下（图3-2-66）。

需要：一手平伸，掌心向上，向后微移两下（图3-2-67）。

图 3-2-65

图 3-2-66

图 3-2-67

3. 今天我们为您准备了热饮、冷饮和点心，请您享用。

今天：一手五指撮合，指尖一边向前微移，一边放开五指（图3-2-68）。

我们：一手食指先指胸部，然后掌心向下，左胸平行转一圈（图3-2-69和图3-2-70）。

图 3-2-68

图 3-2-69

图 3-2-70

为：一手伸拇指和食指，以腕部转动几下（图3-2-71）。

您：一手食指指向对方（图3-2-72）。

图 3-2-71

图 3-2-72

准备：一手边拍打另一手背边向旁边移动（图3-2-73）。

了：一手食指书写"了"字形（图3-2-74）。

图　3-2-73

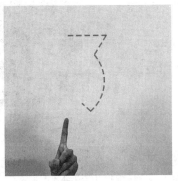
图　3-2-74

热：一手五指张开，自前额向面颊部划动，模仿擦汗的动作（可根据实际情况模仿热的状态）（图3-2-75）。

图　3-2-75

饮（饮料）：一手虚捏，做喝的动作（图3-2-76）。双手食指指尖朝前，先相互碰一下然后分开并张开五指（图3-2-77和图3-2-78）。

图　3-2-76

图　3-2-77

图　3-2-78

冷：双手握拳屈肘，臂部贴紧上身微动，如冷得发抖状（图3-2-79）。

图 3-2-79

饮（饮料）：一手虚捏，做喝的动作（图3-2-80）。双手食指指尖向下，先相互碰一下然后分开并张开五指（图3-2-81和图3-2-82）。

图 3-2-80　　　　　图 3-2-81　　　　　图 3-2-82

和：双手直立，五指微屈，掌心相对，由两侧向中间合拢，表示连词"和""与""同"（图3-2-83）。

点心：右手横伸，五指微屈，掌心向上，左手拇、食指捏成小圆形置于右手掌心，然后放在嘴边，做咬的动作（图3-2-84）。

图 3-2-83　　　　　图 3-2-84

请：双手平伸，掌心向上，向一侧微移，表示邀请之意（图3-2-85）。

您：一手食指指向对方（图3-2-86）。

图 3-2-85

图 3-2-86

享用：一手五指张开，掌心向内，贴于胸部转动一下，脸露笑容（图3-2-87）。一手平伸，掌心向上，一边向后移动，一边收拢五指（图3-2-88）。

图 3-2-87

图 3-2-88

（六）表示"帮助"的手势

如果您有任何需要请按您头顶上方的服务铃呼唤我，很高兴为您服务！

如果：手指字母"R"的指势（图3-2-89）。手指字母"G"的指势（图3-2-90）。

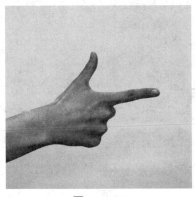
图 3-2-89

图 3-2-90

您:一手食指指向对方(图3-2-91)。

有:一手拇指与食指伸直,拇指不动,食指弯动几下(图3-2-92)。

图 3-2-91

图 3-2-92

任何:手指字母"R"的指势(图3-2-93)。一手食指伸直,左右摆动几下(图3-2-94)。

图 3-2-93

图 3-2-94

需要:一手伸出拇、食指,指向胸前微微点动(图3-2-95)。

图 3-2-95

请:双手平伸,掌心向上,向一侧微移,表示邀请之意(图3-2-96)。

按：双手平伸，掌心向上，右手不动，左手向右手移过来，并在一起，表示"对照"（图3-2-97）。

图 3-2-96

图 3-2-97

头：一手食指指额部（图3-2-98）。
顶：右手平伸，掌心向下；左手伸出拇指顶在右手掌心上（图3-2-99）。

图 3-2-98

图 3-2-99

上：一手伸食指向上指（图3-2-100）。
方：双手拇、食指搭成"⌐ ⌐"形（图3-2-101）。

图 3-2-100

图 3-2-101

服务：左手伸平，手背向外贴于耳前；右手按在另一侧的肩部（图3-2-102和图3-2-103）。

图 3-2-102

图 3-2-103

铃：一手食指朝下，在耳边晃动，如听到铃声（图3-2-104）。

呼唤：双手五指成"凵"形，分别置于嘴边，头从一侧向另一侧转一下，模仿呼喊动作（图3-2-105）。

图 3-2-104

图 3-2-105

我：一手食指指向自己（图3-2-106）。

很：一手食指横伸，拇指指尖低于食指根部，中指、无名指、小指弯曲，然后向下一沉（图3-2-107）。

图 3-2-106

图 3-2-107

高兴：双手掌心向上，在左胸上下扇动，脸露笑容（图3-2-108）。

图 3-2-108

为：一手伸出拇指与食指，以腕部转动几下（图3-2-109）。

您：一手食指指向对方（图3-2-110）。

图 3-2-109

图 3-2-110

服务：左手伸平，手背向外贴于耳前（图3-2-111）。右手按在另一侧的肩部（图3-2-112）。

图 3-2-111

图 3-2-112

（七）表示"提醒"的手势

1. 请关闭所有电子设备。

请：双手平伸，掌心向上，同时向一侧微移，表示邀请之意（图3-2-113）。

关闭：双手直立，掌心相对，然后向外转动90°，双手并拢，掌心向外（可根据实际动作模仿）（图3-2-114）。

图 3-2-113

图 3-2-114

所有：双手五指并拢微屈，指尖相触，掌心相对，从上向下作弧形移动，变成手腕相挨，表示全部（图3-2-115）。一手拇指与食指伸直，拇指不动，食指向内弯动几下（图3-2-116）。

图 3-2-115

图 3-2-116

电子：一手食指做"彡"形挥动（图3-2-117）。一手食指书写"子"字形（图3-2-118）。

图 3-2-117

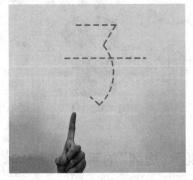

图 3-2-118

设备（器材）：双手五指弯曲，食指、中指、无名指、小指关节交替相触，并转动几下，如机械齿轮转动（图3-2-119）。双手食指指尖向下，先互相碰一下，然后分别向两侧移动，并张开五指（图3-2-120和图3-2-121）。

图　3-2-119

图　3-2-120

图　3-2-121

2. 整个航程禁止使用手机。

整：双手侧立，掌心相对，向下一顿（图3-2-122）。

个：右手拇指、食指与左手食指搭成"个"字形（图3-2-123）。

图　3-2-122

图　3-2-123

航程：一手伸拇指与小指，掌心向下，向前上方作弧形移动，像飞机外形及起飞（图3-2-124）。

图 3-2-124

禁止(禁)：右手横伸掌心向上，左手侧立，向右手掌心上切一下（图3-2-125）。

使用：一手平伸，掌心向上，边向后移动，边收拢五指，表示从外界得到的物品，引申为"使用"（图3-2-126）。

图 3-2-125   图 3-2-126

手机：右手伸拇指，其他四指握拳，左手食指在右手上随意点几下，如在手机上拨号（图3-2-127）。右手姿势不变，置于耳边做听手机的动作（图3-2-128）。

图 3-2-127   图 3-2-128

3. 收起小桌板，调直座椅靠背，打开遮光板，洗手间暂停使用。

收起：双手平伸，掌心向上，边向内移动边收拢五指（图3-2-129）。右手横伸，左手平伸，掌心先贴于右手掌心，然后翻转一下（图3-2-130）。

图 3-2-129

图 3-2-130

小：一手拇指、小指指尖相捏（可根据实际情况模仿"小"的状态）（图3-2-131）。

桌子：双手平伸，掌心向下，从中间向两侧平移，在折而下移，呈"⌐¬"形（图3-2-132）。

图 3-2-131

图 3-2-132

椅：右手直伸，左手四指与右手掌成直角，指尖抵住右掌心，如椅子形状（图3-2-133）。

调整（改变）：一手食指、中指伸直叉开，转一圈后改伸拇指，表示"改变""好转"（图3-2-134）。

直：一手五指并拢向前伸直（图3-2-135）。

图 3-2-133

图 3-2-134

图 3-2-135

打开：双手并排，掌心向外，然后向内翻掌并拉开，掌心向内（图3-2-136）。
挡：右手侧伸，指尖朝前；左手在右手前由上而下一切（图3-2-137）。

图 3-2-136

图 3-2-137

光：一手五指先撮合成尖形，然后斜向一侧移动并放开五指（图3-2-138）。一手五指并拢，掌心向下，以手腕抖动一下（图3-2-139）。

图 3-2-138

图 3-2-139

东西：双手先以食指互碰一下，然后分开并张开五指（图3-2-140和图3-2-141）。

图 3-2-140

图 3-2-141

洗手间：一手伸拇指、食指弯曲，其他三指伸直（图3-2-142）。

图 3-2-142

暂：双手食指直立，指面相对，由两侧向中间移动并靠近（图3-2-143）。

停：左手横伸，掌心向左，指尖抵于左手掌心，模仿裁判叫停动作（图3-2-144）。

图 3-2-143

图 3-2-144

使用：一手平伸，掌心向上，边向后移动边收拢五指，表示从外界得到需要物品，引申为"使用"（图3-2-145）。

图 3-2-145

第四章 航空公司关于残障人士的规定及要求

一、残疾人运输人数

国内航空公司主要依据的是民航局2009年4月30日颁布的《残疾人航空运输办法（试行）》第九条规定。"航班上载运在运输过程中没有陪伴人员，但需要他人协助的残疾人数为：航班座位数为51～100个时，不得超过2名（含2名）；航班座位数为101～200个时，不得超过4名（含4名）；航班座位数为201～400个时，不得超过6名（含6名）；航班座位数为400个以上时，不得超过8名（含8名）；载运残疾人数超过上述规定时，应按1:1的比例增加陪伴人员，但残疾人数最多不得超过上述规定的一倍；载运残疾人团体时，在增加陪伴人员的前提下，承运人采取相应措施，可酌情增加残疾人乘机数量。除本条规定外，承运人不得以航班上限制残疾人人数为由，拒绝运输具备乘机条件的残疾人。"国内航线使用单通道干线飞机比例较高，推断其座位数量符合。

除另有规定外，航空公司不得因残疾人的残疾造成其外表或非自愿的举止可能对机组或其他旅客造成冒犯、烦扰或不便为由而拒绝运输具备乘机条件的残疾人。

二、特殊残疾人运输

对于在运输过程中没有陪伴人员，且在紧急撤离时需要他人协助的残疾人，包括使用轮椅的残疾人、下肢严重残疾但未安装假肢的残疾人、盲人、携带服务犬乘机的残疾人、智力或精神严重受损不能理解机上工作人员指令的残疾人，每个航段运输数量限制如下：B737机型不得超过4名（含4名）；B787机型不得超过6名（含6名）；超过上述规定时，应按1:1的比例增加陪伴人员，但残疾人数最多不得超过上述规定的一倍。

三、残疾人团体运输

载运残疾人团体时,对于上条中所述的五类残疾人,在按1:1比例增加陪伴人的前提下,可通过申请增配乘务员的方式酌情增加残疾人乘机数量,增配标准为:每超出 5 名残疾人,增配 1 名乘务员,超出不足 5 人时,按 5 人计算。

四、航空公司拒绝运输情况

属于下列情况之一者,因不适合航空旅行,航空公司有权拒绝运输。

（1）危急且严重的心脏病,严重的心律不齐或是由于心肌梗死而造成冠状动脉阻塞的旅客(即使为轻度,通常在发生后 6 周以内身体依然感到不适的)。

（2）无法控制的严重高血压(收缩压≥180mmHg 或舒张压≥120mmHg)。

（3）频繁发生的、严重的或需要到医院治疗的哮喘。

（4）静息时有显著呼吸困难的呼吸系统疾病。

（5）耳鼻窦发炎和耳鼻发炎,特别是咽鼓管堵塞。

（6）血色素(血红蛋白)低于 6g/L 的贫血病人。

（7）有传染性的疾病如活动性肺结核、伤寒、脊髓灰质炎等。

（8）近期曾动过手术而伤口尚未愈合的旅客,若有专业人员(健康管理部值班人员、机场医生等)指导情况下,可根据专业意见处理。

（9）脑梗 3 天之内或颅脑、眼部损伤及手术 10 天之内。

（10）张力性气胸及胸腔手术 21 天(含)之内。

（11）胃肠道手术 10 天之内/消化道出血 21 天之内。

（12）急性的深静脉血栓。

（13）不稳定或未治疗的骨折。

（14）生产后不满 14 天的产妇。

（15）出生不满 14 天的婴儿。

（16）怀孕超过 36 周(含 36 周)的单胎孕妇或超过 32 周(含 32 周)的多胎孕妇(多胎指一次妊娠怀有两个或两个以上的胎儿)。

（17）任何可能在航空环境中恶化的疾病。

（18）行动上存在干扰到其他旅客的可能性或存在自杀倾向的精神障碍的旅客。

（19）酒精或其他毒品中毒者。

（20）具有明显病状或全身散发恶臭,可能引发其他旅客不愉快情绪者。

（21）需要持续输血、输氧、输液以维持生命的旅客。

（22）不能提供相关规定的证明文件的特殊旅客。

（23）公司制定了在紧急情况下需要别人帮助该种旅客迅速转移到出口的程序(包括合理的通知要求)，但该旅客不遵守公司程序中的通知要求；或者该程序不能运送该旅客。

（24）机组成员不得以病人或残疾旅客在紧急情况下需要别人帮助才能迅速移到出口，因而会对飞行安全不利为理由，拒绝运送该旅客。

第五章　机上广播词训练

机上广播词训练 1

女士们、先生们：

（早上/下午/晚上）好！欢迎您乘坐MC5101航班，您的座位号码在行李架下方。请您将所有的手提行李存放在行李架上或您前面的座椅下方。找到座位的旅客请尽快入座，以方便后面的旅客登机。谢谢您的配合。

机上广播词训练 2

女士们、先生们：

欢迎您乘坐MC5101航班，由上海前往北京。本次航班的机长及同全体机组成员向您致以最诚挚的问候，您今天乘坐的B737-800飞机共有8个紧急出口，分别位于客舱的前部中部和后部。

在紧急情况下，客舱通道指示灯和应急出口指示灯会自动亮起，引导您前往最近的出口。

现在乘务员将进行起飞前的安全确认。

机上广播词训练 3

女士们、先生们：

我们的飞机即将起飞，为了您的安全，请您关闭电子设备，系好安全带，调直座椅靠背，打开遮光板，谢谢您的配合。

机上广播词训练 4

女士们、先生们：

我们的飞机已经进入平飞阶段，我们将进行客舱服务，为了保证您和他人的安全，请您全程系好安全带，同时我们也温馨揭示您，请全程佩戴好口罩，谢谢。

机上广播词训练 5

女士们、先生们：

我们将为您提供餐食（点心餐）、茶水、咖啡和饮料，欢迎您选用。需要用餐的旅客，请您将小桌板放下。

为了方便其他旅客,在供餐期间,请您将座椅靠背调整到正常位置。谢谢!

机上广播词训练 6

女士们、先生们:

为了保障飞机飞行过程中的正常工作,在飞机起飞和下降过程中请不要使用手提电脑,在整个航程中请不要使用电话、电子游戏机、电音频接收机等电子设备,谢谢。

机上广播词训练 7

女士们、先生们:

飞机很快就要起飞了,现在有客舱乘务员进行安全检查。请您坐好,系好安全带,收起座椅靠背和小桌板。请您确认您的手提物品是否妥善安放在头顶上方的行李价内或座椅下方。本次航班全程禁烟,在飞行途中请不要吸烟。本次航班的乘务长携同机上乘务员竭诚为您提供及时周到的服务。谢谢。

机上广播词训练 8

女士们、先生们:

欢迎您乘坐中国××航空公司航班,为了帮助我们不断提高服务质量,敬请留下宝贵意见,谢谢您的关心和支持!

机上广播词训练 9

女士们、先生们:

飞机已经降落在_____机场,外面温度_____℃,飞机正在滑行,为了您和他人的安全,请先不要站起或打开行李架。等飞机完全停稳后,请您再解开安全带,整理好手提物品准备下飞机。从行李架里取物品时,请注意安全。您交运的行李请到行李提取处领取。需要在本站转乘飞机到其他地方的旅客请到候机室中转柜办理。

感谢您选择××航空公司班机!下次旅途再会!

机上广播词训练 10

女士们、先生们:

由于飞机受到外界气流影响而产生颠簸,请您回原位坐好,系好安全带,并请暂时不要使用洗手间。正在使用洗手间的旅客,请抓好洗手间内的辅助手柄。在飞机颠簸期间,我们将暂停客舱服务。谢谢!

参 考 文 献

[1] 中国聋人协会. 中国手语（上下册）[M]. 北京：华夏出版社，2003.

[2] 中国残疾人联合会. 国家通用手语词典 [M]. 北京：华夏出版社，2019.

[3] 肖晓燕. 欧美手语语言学研究 [J]. 中国特殊教育，2011（8）：41-45.

[4] 张晓梅，孟阳. 基于聋人手语浅论语言起源手势说 [J]. 绥化学院学报，2019（1）：23-26.

[5] 国华，张宁生. 威廉姆·斯多基的手语及语言手势起源说的理论评介 [J]. 现代特殊教育，2008（10）：40-41.

附　　录

手语演示欣赏。

我和我的祖国

国家

感恩的心

灯光里的中国

北京欢迎你

New boy